dtv

Die Suche nach Möglichkeiten, die Liebeslust zu steigern, ist so alt wie die Menschheit. Vieles ist versucht worden: Ambra und Zimt, Moschus und Spanische Fliege, Stierhoden und Taubenblut sollten die Libido erhöhen. Überliefert sind zahllose Rezepte mit mineralischen, pflanzlichen oder tierischen Zutaten, magische Zauber und Rezepte für Speisen, die nicht nur die Verdauungssäfte zum Fließen bringen sollten. Birgit Frohn erzählt die Geschichte der Aphrodisiaka, gibt einen Einblick in fernöstliche Liebeslehren und stellt zahlreiche pflanzliche Liebesmittel, stimulierende Speisen und Aromaöle vor – Inspirationen, sich selbst am Liebeszauber zu versuchen und sein Liebesleben um so manchen Genuss zu bereichern.

Birgit Frohn, geboren 1967, ist Diplom-Biologin und lebt und arbeitet als Wissenschaftsjournalistin und Autorin in München. Sie veröffentlichte mehrere Bücher sowie zahlreiche Artikel in der Fach- und Publikumspresse zu Themen aus Medizin, Ernährung, Naturheilkunde und Psychologie.

Birgit Frohn

Aphrodites Geheimnisse

Liebeszaubereien

Deutscher Taschenbuch Verlag

Originalausgabe
Juli 2000
© Deutscher Taschenbuch Verlag GmbH & Co. KG,
München
www.dtv.de
Das Werk ist urheberrechtlich geschützt. Sämtliche, auch auszugsweise
Verwertungen bleiben vorbehalten.
Umschlagkonzept: Balk & Brumshagen
Umschlagbild: ›Amor und Psyche‹ (1589)
von Jacopo Zucchi (© SCALA)
Satz: Fotosatz Reinhard Amann, Aichstetten
Gesetzt aus der Minion 10/12˙ (QuarkXPress)
Druck und Bindung: C. H. Beck'sche Buchdruckerei,
Nördlingen
Gedruckt auf säurefreiem, chlorfrei gebleichtem Papier
Printed in Germany · ISBN 3-423-36194-8

Inhalt

Vorwort

»(...) Glaube mir, die Wonne der Venus darf nicht überstürzt, sondern muss allmählich durch langes Verzögern hervorgelockt werden. Hast du die Stellen gefunden, deren Berührung der Frau Freude macht, so stehe die Schamhaftigkeit dir nicht im Wege, sie zu berühren; (...) Und lass du nicht die Geliebte im Stich, indem du ihr mit volleren Segeln vorauseilst, und auch sie soll nicht deiner Fahrt voraus sein. Eilt gemeinsam zum Höhepunkt, dann ist die Lust vollkommen. (...)« (Ovid, ›Liebeskunst‹)

Sexualität, Erotik und alles, was sich darum dreht, beeinflusst seit Anbeginn der Kultur menschliches Handeln und Verhalten, dominiert es, genau genommen. Wie sonst wäre das Jahrtausende während Bemühen, Liebeslust nebst Manneskraft zu steigern, zu erklären? Als roter Faden zieht es sich durch die Menschheitsgeschichte: Mit dem Problem, die Glut der Leidenschaft am Glimmen zu halten, mussten sich bereits die Evas und Adams der Steinzeit herumschlagen. Eine diffizile Angelegenheit, die Menschen aller Epochen in Schicksalsgemeinschaft vereint. Die gebotenen Mittel zum Libido-Doping freilich unterlagen stetem Wandel. Waren beispielsweise die Dildos vor 15 000 Jahren aus Mammutzähnen gefertigt, sind sie heute aus Silikon – der Zweck jedoch blieb stets der gleiche. Auf dem Terrain der Lust hat die Evolution kaum Spuren hinterlassen.

Viel hat sich also nicht geändert, seit Kaiser Tiberius Vogelzungen verspeiste und Casanova Austern en gros verschlang. In den Schlafgemächern der Renaissance ging es sehr wahrscheinlich nicht lustvoller zur Sache als zu Beginn des dritten Jahrtausends: Sexualität besitzt in unserer Gesellschaft nach wie vor einen immensen Stellenwert. Dies belegen nicht nur die boomende Erotik-Industrie, der Börsengang von Frau Uhse, die Umsätze des lustbaren Dienstleistungsgewerbes und der Anbieter entsprechender Erbauungen im Internet. Auch Otto Normalverbraucher gibt sich lustbetont: Einer 1999 in der Bundesrepublik durchgeführten Umfrage zufolge erachten 84 Prozent der Bevölkerung den »funktionierenden« Koitus als unverzichtbaren Bestandteil einer harmonischen Partnerschaft.

Und doch, so scheint es, ist es gegenwärtig schlecht bestellt um die Libido. Nach der sexuellen Revolution der 68er hat sich zunehmend Lustlosigkeit breit gemacht. So ist im neudeutschen Alphabet, zur Jahrtausendwende in dem Nachrichtenmagazin ›Der Spiegel‹ veröffentlicht, »L wie Lustangst« aufgeführt. Die erotische Nullbockstimmung ist jedoch kein rein teutonisches Phänomen, wie sich nicht zuletzt durch die Potenzpille Viagra gezeigt hat: Seit das Präparat im Herbst 1998 auf den Markt kam, wurde es weltweit hundert Millionen Mal geschluckt. In Deutschland griffen fünf Millionen Lendenlahme zur Pille, um wieder ihren Mann zu stehen. Damit ist Viagra schon jetzt das am häufigsten genommene Medikament in der gesamten Geschichte der Arzneimitteltherapie. Das gibt zu denken ...

Um Abhilfe gegen den grassierenden Frust mit der Lust bemühen sich auch Frauen- und Männerzeitschriften. Seitenweise klären sie ihre Leser darüber auf, wie sie den Gipfel der Lust noch perfekter erklimmen, das Liebesleben abwechslungsreicher gestalten, und geben praxisorientierte Anleitungen zum Seitensprung. Derartige Hilfestellungen kurbeln die Verkaufszahlen enorm an – es herrscht anscheinend einiger Bedarf bei der Leserschaft und eine offensichtliche sexuelle Ratlosigkeit.

Dabei haben wir so viel entdeckt, erforscht und gelernt in Sachen Eros. 1948 gaben Sexualwissenschaftler des US-amerikanischen Kinsey-Instituts mit ihrem gleichnamigen Report einen Blick in die Schlafzimmer frei und lösten damit eine Flut von Entdeckungen rund um Lust und Libido aus. En détail wurde analysiert, aus welchen Quellen die Säfte der Lust entspringen, wie es sich mit dem sexuellen Höhepunkt, mit Plateauphasen, klitoralen Orgasmen, G-Punkt und anderen Lustbarkeiten verhält. Kürzlich gab nun die Computertomographie Einsicht ins Allerintimste und löste eines der letzten Rätsel der Sexualität: wie Penis und Vagina zueinander respektive ineinander passen. Indem sich, so offenbaren uns die Bilder, das Gemächt von seiner Wurzel ab gewaltig verbiegt und so in der Form eines Bumerangs nahezu parallel zur Wirbelsäule in der Scheide zum Liegen, vielmehr zum Stoßen kommt.

Rein theoretisch stünde der Lustmaximierung also nichts im Weg. Doch mit der praktischen Umsetzung hapert es – unvermindert hoch ist der Bedarf an Stimulanzien für die Lust, an Aphrodisiaka.

Was hierzu im Laufe der Epochen alles ersonnen wurde und was sich heute anbietet, will dieses Buch vermitteln. Selbstverständlich können Aphrodisiaka kein erotisches Feuerwerk entzünden, wo die Glut der Leidenschaft vollkommen erloschen ist. Wohl aber können sie die sexuelle Energie und Sinnlichkeit eines gesunden Menschen steigern, seine Sensitivität erhöhen und seine Sinne schärfen. Aphrodisiaka halten die Glut der Erotik zwischen zwei Partnern am Glimmen, so dass sie jederzeit aufs Neue entfacht werden kann.

1. Kapitel:

Auf Aphrodites Spuren

~~~

»Den göttlichen Wahnsinn aber teilten wir nach vier Göttern in vier Teile und eigneten den weissagenden Wahnsinn Apollon zu, den der Weihen Dionysos, den dichterischen den Musen, den vierten aber Aphrodite und Eros, und den Wahnsinn der Liebe nannten wir den besten.« (Platon, ›Phaidros‹)

Ambra und Zimt, Moschus und Strychnin, Spanische Fliege und Opium, Stierhoden und Sperlingszungen, Austern und Trüffel … Seit Menschengedenken werden Mittel angewendet, die Liebeslust erwecken sollen: Aphrodisiaka, benannt nach Aphrodite, der Göttin der erotischen Liebe. Das Bemühen, die eigene Lust wie die des Partners zu steigern und sich sexuell attraktiv zu machen, bisweilen gar um den Preis der Gesundheit, zieht sich als roter Faden durch die Geschichte. Allen Kulturen und Epochen gemeinsam ist auch, dass erotische Stimulanzien überwiegend die Steigerung der maskulinen Libido zum Ziel haben. Das gründet zum einen im jeweiligen Rollenverständnis der Geschlechter, zum anderen in den anatomischen Gegebenheiten. Während sich Ersteres durch die Zeiten hindurch wandelte, blieben Letztere ebenso wie vor Tausenden von Jahren: offensichtlich und entsprechend behandlungsbedürftiger als beim weiblichen Geschlecht.

Widmet man sich Historie und Tradition der Aphrodisiaka, erhält man zugleich Einblick in die Sittengeschichte der Menschheit. Angesichts der ungezügelten Lebenslust, die im alten Ägypten, im antiken Griechenland und Rom und bis in die Neuzeit herrschte, erscheint heute vermeintlich Freizügiges äußerst zugeknöpft – die Aufregung, für die die Protagonisten der Freikörperkultur sorgten, als sie in öffentliche Parks und an Badeseen auszogen, würde unsere Ahnen nur ein Lächeln gekostet haben. Was in den 68er Jahren endlich Bewegung in die Gesellschaft brachte und die altbackenen Krusten der bestehenden Moralvorstellungen und Normen aufbrach, müsste im Grunde also nicht sexuelle Revolution, sondern vielmehr sexueller Wiederbelebungsversuch heißen. Denn trotz der Reformbestrebungen jener Protagonisten und ungeachtet der sexuellen Dauerbeschallung unserer Tage sitzt die Scheu vor der Lust nach wie vor fest verankert in unserem moralischen Erbgut. Ein Relikt aus den Zeiten der erbitterten Feldzüge der Kirche gegen Liebeslust und Sexualität, die dem lustbetonten Treiben der vorangegangenen Generationen mit Beginn der Neuzeit ein Ende setzten. Keuschheit und Entsagung aller irdischen Genüsse lautete nun das Gebot für den Christenmenschen. Den verteufelten Trieben nachgeben durfte er einzig, um die Christenheit zu mehren. Eine Trendwende zur Lustfeindlichkeit, von der sich die christlich geprägten Kulturen bis heute nicht vollständig erholt haben.

Um so wertvoller ist das Wissen, das uns über erotische Stimulanzien aus dem Reich der Pflanzen, Tiere und Mineralien, sowie allgemein über die Kunst des Verführens und Liebens, als Erbe hinterlassen wurde. Vor diesem Hintergrund stöbert der nachfolgende Exkurs auf Aphrodites Spuren ein wenig in der Schatzkiste ihrer Zaubermittel: Darin ist einiges verborgen, das lohnt, wiederentdeckt zu werden. Denn viele der traditionell gebräuchlichen Aphrodisiaka vermögen das Liebesleben um so manchen Genuss zu bereichern.

Das Pantheon der Lust

In allen Kulturen, ungeachtet ihrer Entwicklungsstufe, wurde bestimmten Symbolen, kultischen Figuren und Gottheiten als Erhalter von sexueller Kraft und Libido gehuldigt – in stiller Anbetung oder aber in tagelangen Festen, bei denen sich Exzess und Ehrfurcht symbiotisch vereinten. So wurden seit der Frühzeit des Menschen Rituale um Phallus und Vulva zur Stärkung der Liebeskraft durchgeführt. Als Quelle von Sinnlichkeit und neuem Leben ist die Vulva ein zentrales archaisches Motiv: durch alle Epochen hindurch tausendfach wiederholt, von den Felszeichnungen der Aborigines bis zur Kunst der Gegenwart. Auch die kultische Verehrung, die dem Symbol männlicher Stärke und Fruchtbarkeit seit jeher zuteil wird, ist bis heute ungebrochen. Äußerer Rahmen und Zeremonienmeister mögen sich gewandelt haben, jedoch die Absicht ist die gleiche geblieben.

Im Laufe seiner kulturellen Entwicklung befasste sich der Mensch mehr und mehr mit dem tieferen Sinn seines Daseins – Göttinnen und Götter traten auf den Plan, alsbald auch jene der sinnlichen Liebe und Wollust. Ihre Urahnin mag die steinzeitliche Venus von Willendorf gewesen sein. Eine zehn Zentimeter kleine, kalksteinerne Figur, mit der die Ära von Aphrodite und anderen Patronen der Leidenschaft ihren Anfang nahm. Die Figur der Steinzeitvenus liefert einen recht eindrucksvollen Beleg für den steten Wandel dessen, was in einer Epoche als schön empfunden wurde: Um 26 000 v. Chr. entsprachen üppige Rundungen, übervolle Brüste und ein ausladenes, gebärfreudiges Becken dem gängigen Schönheitsideal. Damals erachtete man das Weibliche als Ursprung allen Lebens – dass an der Zeugung von Nachwuchs Männer ursächlich mitbeteiligt sind, war den Menschen der letzten Eiszeit, so vermuten Forscher heute, noch nicht bewusst. So verwundert es nicht, dass weiblichen Attributen große Bedeutung beigemessen wurde.

Lebenslust im Reich der Toten

Die Menschheitsgeschichte brachte eine Vielzahl von Nachfolgerinnen der Willendorfschen Venus hervor. Im Land der Pharaonen zeichnete die Göttin Hathor für die sinnliche Liebe verantwortlich. Ihr wurde in ausschweifenden Tempelzeremonien gehuldigt, bei denen junge, noch nicht geschlechtsreife Mädchen Tänze aufführten, um sich ihrer sexuellen Kraft zu versichern. Priesterinnen und Priester vollzogen zu Ehren der Göttin öffentlich den Akt.

Nicht nur im religiösen Leben, sondern auch im Alltag hatte man im alten Ägypten eine Menge für Liebe und vor allem Erotik übrig. Wie lebenslustig man zu jenen Zeiten war, erkannte die Wissenschaft erst nach und nach im Laufe des 20. Jahrhunderts. Denn die zahlreichen in Stein gemeißelten Belege für die Freizügigkeit des Volks am Nil fielen der Zensur der Prüderie zu Beginn unseres Jahrhunderts zum Opfer. Den damaligen Ägyptologen war der Inhalt von Grabinschriften und Mythen schlichtweg zu obszön, um ihn zu veröffentlichen. Erst jetzt hat man begonnen, die delikaten Botschaften an die Nachwelt zu entziffern. Sexualität besaß für die alten Ägypter auch für das Leben im Jenseits, das ohnehin große Bedeutung in dieser Kultur hat, einen hohen Stellenwert. Dem Toten wurden symbolisch alle Fähigkeiten mit auf seine Reise gegeben, die er auch im Diesseits besessen hatte – auch seine sexuelle Kraft. Und so zierte man die Mumien häufig mit goldenen Brustwarzen und Phalli. Cheops, jener Pharao der vierten Dynastie, der von 2551 – 2528 v. Chr. lebte und in der größten der Pyramiden von Gizeh seine letzte Ruhestätte fand, wurde durch einen besonderen Ritus auf sein Liebesleben im Jenseits vorbereitet. Sein Leichnam wurde vor einem langen Lichtschacht in der Pyramidenwand aufgebahrt, durch den am Nachthimmel der Stern Sirius, die Verkörperung der Göttin Isis, zu sehen war. Der Körper Cheops' war so ausgerichtet, dass sein Penis in Richtung Sirius wies und Isis genau in dem Augenblick mit seinem Samen befruchten konnte, in dem der Stern aufging und im Lichtschacht sichtbar wurde – dies sollte den Fortbestand der Pharaonen-Dynastie gewährleisten. Neuneinhalb Monate später, die Dauer einer Schwangerschaft, ging der Stern Sirius auf der gegenüberliegenden Seite der Pyramide am Nachthimmel auf: das Zeichen, dass die Zeugung Frucht getragen hatte und der Bestand der pharaonischen Erbfolge gesichert war. Ein weiterer Beleg für die Genialität der Hochkultur am Nil, denn Maße und Lage der Pyramide waren exakt so berechnet, dass die himmlische Befruchtung auch vollzogen werden konnte.

Am Firmament der indischen Gottheiten ist Kama, der Sohn Vishnus und Lakshmis, der Göttin der Schönheit, für die Liebe zuständig. Kama wird schon in den Veden als der schöpferische Geist erwähnt, der die Götter beseelte, als diese sich zu Beginn der Zeit in den kosmischen Wassern tummelten – jenen Gewässern, denen er später entsteigt, um bei Göttern wie Sterblichen sexuelles Begehren zu entfachen. Kama ist der schönste im indischen Pantheon: ein nie alternder Jüngling, ebenso sinnlich wie gut gebaut und stets in Begleitung aufreizender Nymphen, den Apsaras. Sein Reittier ist der Pfau, Sinnbild des ungeduldigen Begehrens.

Wie seine hellenistischen und römischen Amtskollegen Eros und Cupido infiziert er die Herzen seiner Opfer durch Pfeilschüsse mit dem Virus der Leidenschaft. Der Bogen zu Kamas Pfeil war aus Zuckerrohr und die Sehne aus einer Kette von Bienen gefertigt. Seiner Pfeile des Begehrens, die an ihrer Spitze eine Blume trugen, soll sich Kama der indischen Mythologie zufolge oftmals recht leichtfertig bedient haben. So verführte er Brahma, als Gestalter des Universums und Wächter der Welt einer der Chefs der himmlischen Riege, zum Inzest mit seiner Tochter. Ansonsten hatte er es bevorzugt auf verheiratete Frauen, jungfräuliche Mädchen und Asketen abgesehen.

Die aus dem Schaum Geborene

»Himmlische Aphrodite, viel besungene Liebhaberin des Lachens, meergeboren, Leben spendende Göttin, Gönnerin der Feste, die nächtelang währen … Gefährtin des Bacchus, dessen Wonne Überfluss ist, Ehespenderin, Mutter der Begierde, Quelle der Verführung und der Lust, insgeheim Wirkende, gesehen und doch nicht gesehen …« (Aus einer orphischen Hymne)

Im antiken Hellas schließlich erhob man Aphrodite zur Herrin der sinnlichen Liebe und der Schönheit. Sie wurde, so ist uns durch den griechischen Dichter Hesiod (um 700 v. Chr.) überliefert, als Tochter des Göttervaters Zeus und der Titanin Dione in einer Muschel geboren, deren Form einer Vulva glich und die im Schaum des Meeres an den Strand von Zypern getragen wurde. Daher auch Aphrodite, von griechisch »aphros« für Schaum. Ihre maritime Geburt verdankt die Liebesgöttin einem dramatischen Zwischenfall, von dem die griechische Mythologie berichtet: Kronos, Titan und Sprössling des Uranos, trachtete nach der Weltherrschaft und schnitt seinem Vater das Zeugungsorgan ab. Das edle Stück, von Kronos ins Meer geworfen, hatte allerdings noch beträchtliche Schöpferkraft in sich, und alsbald wurde aus den schäumenden Wellen, in denen der Phallus des Uranos trieb, der Prototyp weiblicher Schönheit geboren. Überall dort, wo laut Homer die »flüchtigen Füße der aus dem Schaum Entschlüpften« die Erde berührten, entsprossen »duftende Kräuter«. Diese waren auch in dem Zaubergürtel enthalten, den die Liebesgöttin um ihre Hüften trug und der alle erdenklichen Mittel enthielt, um die Lust wie die sexuelle Energie zu steigern – Aphrodite war schließlich Göttin der körperlichen, nicht der geistigen Liebe.

Aphrodite ehelichte Hephaistos, seines Zeichens Feuergott und über die Maßen hässlich, stets rußgeschwärzt und zudem lahm geboren. Eine Mesalliance möchte man meinen, die Aphrodite jedoch nicht weiter bekümmerte. Schließlich konnte sie sich kraft ihrer himmlischen Abstammung einiges erlauben, was irdischen Damen versagt war. Die Göttin der Wollust und sinnlichen Liebe machte ihrem Amt selbst die größte Ehre und vergnügte sich bei zahlreichen Seitensprüngen fernab der ehelichen Bettstatt.

Einem dieser Abenteuer entspross ein Sohn, Eros. Als Gott der Liebe war Eros zum einen zuständig für flammende Liebesglut wie auch für Ehebruch und Herzeleid. Zum anderen meint Eros aber auch jene Kraft, die den Menschen motiviert, sei es zu amourösen oder anderen Taten: »Am Anfang war das Chaos. Und aus dem Chaos entstanden die Erde und Eros, die Liebe. Denn die Liebe war die Kraft, die das Universum binden und bewegen konnte. Die treibende Energie«, so steht es in der Theogonie zu lesen, in welcher Hesiod in

1022 Versen die Entstehung der Welt und den Ursprung der Götter besingt.

Einem weiteren Seitensprung Aphrodites entstammte Priapos, als Patron der ungezügelten Lust und Fruchtbarkeit ebenfalls in amourösen Diensten stehend. Bei aller Freizügigkeit war Aphrodite jedoch nie hemmungslos. Im Gegenteil, nur ihre Geliebten durften sie nackt sehen, über diesen Anblick jedoch niemandem gegenüber ein Sterbenswörtchen verlieren. Einmal nur ließ sich die Liebesgöttin auf eine Liaison mit einem Sterblichen, dem Troer Anchises, ein, und genau der war es, der als Erster und Einziger die Schweigepflicht über ihre körperlichen Vorzüge brach. Seine Indiskretion kam ihn teuer zu stehen, denn Aphrodite ließ dem Schmählichen die Augen von Bienen ausstechen.

Aphrodites Dienerinnen

Die Liebesgöttin der Hellenen hatte ganz besondere Schutzbefohlene: die Hetären, von »hetairos«, griechisch für Gefährte. Dies waren Frauen, deren Tätigkeit die gleiche war wie die von »gewöhnlichen« Prostituierten, die es jedoch durch Intelligenz, besondere Schönheit und andere Fähigkeiten zu einigem sozialen Ansehen gebracht hatten. Mit Hetären konnte sich ein Mann in der Öffentlichkeit zeigen, er konnte mit ihnen zusammenleben oder sie gar ehelichen. Denn Hetären verrichteten ihre Liebesdienste zu Ehren von Aphrodite. Hetäre zu sein war demzufolge keinesfalls anrüchig, sondern konnte vielmehr als Auszeichnung gelten – ein Prädikat, das auch die nachfolgenden Generationen dieses Berufsstandes, die Kurtisanen, Mätressen, Geishas und Gesellschaftsdamen, für sich beanspruchen konnten. Schließlich waren sie es, die Aphrodites Zaubermittel in höchster Vollendung anwendeten.

Es liegt nahe, dass Hetären vielfach Modell standen für Abbilder ihrer Herrin. Zudem waren diese Damen in aller Regel auch recht attraktiv, schließlich versinnbildlichte Aphrodite auch weibliche

Schönheit. So formte der Bildhauer Praxiteles um 330 v. Chr. die weltberühmte »Aphrodite von Knidos« nach seiner Geliebten Phryne, einer der begehrtesten Hetären des antiken Hellas. Sie lebte in der Kunst noch über viele Jahrhunderte weiter, und Botticelli nahm Praxiteles' Werk zum Vorbild für seine »Geburt der Venus«.

Die »Phallimanie« des alten Rom

Um 470 v. Chr. konstituierte sich die Römische Republik, die ihren Einflussbereich immer weiter ausdehnte. In den folgenden Jahrhunderten entstand das Imperium Romanum, und nach zahlreichen Kriegen und Gründungen von Kolonien war Rom im Jahr 133 v. Chr. Herrscher über den gesamten Mittelmeerraum.

Es hatte die Hellenen endgültig besiegt, übernahm jedoch größtenteils deren Moralvorstellungen und sexuellen Gepflogenheiten. Dito die griechischen Patrone der Liebeslust, welche die Römer flugs in das eigene Pantheon eingemeindeten: Aphrodite wurde zu Venus und Eros zu Cupido, auch Amor genannt.

Waren Griechen und Etrusker schon nicht gerade zurückhaltend in der Darstellung des männlichen Genitals, setzten die Römer dieser Sitte endgültig die Krone auf. Phalli, wohin das Auge blickte und wo immer sich ein Plätzchen dafür fand. Kleine Buben trugen sie an Ketten um den Hals, und an Haus- und Straßenmauern prangten die Zeichen maskuliner Potenz. Die »Phallimanie« des alten Rom offenbart das Ideal, das der römische Mann zu erfüllen hatte: körperlich stark, redegewandt und allzeit bereit zur Penetration. Ein hehrer Anspruch, der in Verbund mit der generell sehr ausschweifenden Lebensweise dazu führte, dass Aphrodisiaka im alten Rom Hochkonjunktur hatten.

Dem erigierten Phallus kam als Symbol männlicher Stärke und Fruchtbarkeit stets eine zentrale Bedeutung zu. Ob zur Sicherung des Überlebens oder zum Lustgewinn, fungiert er im wahrsten Sinn des Wortes als Bindeglied zwischen den Geschlechtern – ungeachtet ihrer Kultur und Religion. Ausgrabungen am Fuße der Pyrenäen förderten einen aus dem Stoßzahn eines Mammuts geschnitzten erigierten Phallus zutage, datiert auf etwa 13 000 v. Chr. und damit der älteste Dildo der Menschheit. Weit später, im Griechenland der Antike, stand das Symbol der Männlichkeit im Mittelpunkt zahlreicher Zeremonien, war aber auch Bestandteil des Alltags. Nackte Mädchen umtanzten gewaltige, aus Stein gehauene Phalli, und in Athen wachten überall an Straßen, Wegkreuzungen und Hauseingängen Hermen über den Fortbestand der attischen Herrschaft: vierkantige Säulen, die eine Büste des Gottes Hermes trugen und mit einem Relief eines erigierten Penis versehen waren.

Die Inder wiederum haben ihren Lingam, dem sie bis heute heilige Verehrung entgegenbringen und der in der Yoni ruht: der Vulva, dargestellt als kreisförmiges Rund, aus dessen Mitte sich der Lingam als phallusförmige Säule erhebt. Der Lingam symbolisiert die Schöpferkraft Shivas, des indischen Gottes der Fruchtbarkeit.

Der Kult um den Phallus lebt nicht nur auf dem indischen Subkontinent weiter, sondern rund um den Globus. Waren es vor 15.000 Jahren Höhlenzeichnungen und Dildos aus Mammutzähnen, im alten Rom phallische Ornamente und Schmuckstücke, sind es heute die Massenmedien des Informationszeitalters, die den Phallus verherrlichen und allgegenwärtig machen. Auch die Ängste vor dem Versagen des »Bindeglieds« sind die gleichen geblieben – sie vereinen Männer seit Menschengedenken in Schicksalsgemeinschaft.

Stets gelobt war, was hart macht

Seit jeher sucht die Menschheit nach Mitteln, die das gleiche bewirken wie der Inhalt von Aphrodites Zaubergürtel: leidenschaftliche Begierde und höchste Lust, die, laut Homer, »schon oft verständigen Männern die Sinne berückt hat«. So verwirrte Aphrodite gar die Vernunft des Göttervaters Zeus, worauf dieser leichten Herzens mit sterblichen Frauen anbandelte.

Die erotische Apotheke rekrutierte sich sowohl aus Flora und Fauna wie aus dem Mineralienreich. Bei den pflanzlichen Aphrodisiaka handelte es sich vielfach um solche, die psychoaktive und berauschende Wirkungen haben, die einen angenehmen Duft verbreiten oder deren Anblick sexuelle Assoziationen hervorruft, wie beispielsweise Pflanzen mit phallusförmigen Wurzeln und Pilze. Unter den tierischen Lustbringern waren in der griechischen und römischen Antike vor allem Singvögel und die Genitalien brünftiger Widder oder Stiere beliebt. Bei den Französischen Königen war es dann die Auster, die, zu Dutzenden verspeist, unvergessliche Liebesnächte bringen sollte. Zu Zeiten der Französischen Revolution machte schließlich die »Spanische Fliege« Furore. Bei den mineralischen Aphrodisiaka sind vor allem edle Steine und Metalle von Bedeutung, die pulverisiert und in Essig gelöst dargereicht wurden – solcherlei Libidomaximierung war allerdings nur der herrschenden Oberschicht vorbehalten. Der kleine Mann begnügte sich mit Profanerem wie Honig oder Hirschhoden, um seine Frauen zu erfreuen ...

Die Folgen aphrodisierender Substanzen waren vielfach prekär, und oftmals traten statt des ersehnten Feuerwerks der Lust qualvolle Schmerzen oder gar der Tod auf den Plan. Unbeirrt davon suchte man jedoch immer weiter nach neuen Erkenntnissen über etwaige Lust fördernde Wirkungen von Pflanzen, Tieren und Mineralien.

Wann das erste Aphrodisiakum entdeckt und angewendet wurde, lässt sich nicht mit Bestimmtheit sagen. Doch sehr wahrscheinlich wusste bereits der steinzeitliche Mensch, dass bestimmten Pflanzen

Lust bringende Kraft innewohnt. Diese Vermutung basiert auf Funden in 60 000 Jahre alten Höhlengräbern mit Leichnamen, die von Kopf bis Fuß mit aphrodisierenden Pflanzen bedeckt waren.

Erste schriftliche Zeugnisse für den Gebrauch sexueller Stimulanzien legen sumerische Keilschrifttafeln und altägyptische Papyri ab. Im Land der Pharaonen muss es ganze Bibliotheken mit aphrodisierenden Rezepturen gegeben haben. Besonders Weine, versetzt mit allerlei Rauschmitteln, waren begehrte Helfershelfer, um lustlose Damen in Wallung zu bringen. Auch im alten Indien bediente man sich einer großen Palette an Aphrodisiaka, der so genannten Vajikarana (siehe 7. Kapitel); denn Sex galt als heilig, und entsprechend war die Stärkung der Liebeskraft eine religiöse Pflicht.

Im Liebesakt eins mit den Göttern

Nicht nur in Indien war Sexualität in alten Zeiten eng mit Religiosität verbunden. Wer die Götter ehren und sich ihnen nähern wollte, hatte dazu die beste Gelegenheit im lustvollen Akt der sexuellen Vereinigung: Sex als Mittler zwischen Gott und Mensch, als Brückenschlag zwischen Vergänglichkeit und Ewigkeit, um die unüberwindliche Trennung zwischen Himmlischem und Irdischem zumindest für eine gewisse Zeit aufzuheben.

So entwickelten sich im Kontext der jeweiligen Kulturen und Traditionen umfangreiche Zeremonien, die den Kontakt mit den Göttern ermöglichen sollten. Erst kürzlich gelang es, Licht ins Dunkel rätselhafter Kulte zu bringen, die auf den Osterinseln vollzogen wurden. So konnte ein Sprachforscher die Schrifttafeln der Osterinsulaner entziffern, die delikate Details über ausschweifende Sexualriten und Deflorationen junger Mädchen offenbarten. Zeitgenössischen Berichten der spanischen Eroberer zufolge waren auf den Osterinseln Vielweiberei und -männerei an der Tagesordnung, Darstellungen des weiblichen Geschlechtsteils übersäten die Felsen des Archipels, und der oberste Priester weihte jungfräuliche Mädchen in die Liebe ein.

Wie die entschlüsselten Glyphentafeln nun belegen, hatten derartige Gepflogenheiten durchwegs einen religiösen Hintergrund: Alle Texte, so die Epigraphiker, »umkreisen die Sphäre des Heiligen«.

Sex war im Altertum auch deshalb heilig – und ist es bei Naturvölkern sowie in fernöstlichen Kulturen bis heute –, weil durch ihn die von den Göttern ansonsten streng gehüteten Geheimnisse der Schöpfung am eigenen Leib erfahrbar werden; Erkenntnisse über den tieferen Sinn allen Seins und spirituelles Wachstum wurden in Momenten höchster Lust, nicht in asketischer Entsagung gewonnen.

Demzufolge galt alles, was die Liebeslust fördert und sie vervollkommnet, als Dienst an den Göttern – so auch die Aphrodisiaka.

Antike Zwänge des Begehrens

Die Techniken zur erotischen Einflussnahme hatten eine gewaltige Bandbreite. Sie umfassten nicht nur vergleichsweise profane Hausmittel, sondern auch Liebeszaubersprüche und erotische Hexerei. Diese magischen Riten hatten weniger zum Ziel, zärtliche Liebe zu wecken, als vielmehr einer begehrten Person quälende Lust einzuflößen und sie so ins eigene Bett zu bekommen. Dazu waren alle Mittel recht. Liest man die Sammlungen der Anleitungen zu den »Agogai«, den »Herbeiführungszaubern«, etwa die ›Papyri Graecae Magicae‹ und ›Defixionum Tabellae‹, erweisen sich diese Praktiken als einigermaßen bösartig. Eine Vielzahl der erotischen Beschwörungen sollte tiefen inneren Aufruhr, Angst und seelische wie körperliche Schmerzen hervorbringen: »(...) aufreiben soll sie sich schlaflos in Ängsten, legt ihr dornengefülltes Leder unter und spießt ihr hölzerne Stacheln in die Schläfen.« Auch bei den zum Zauber verwendeten Zutaten, etwa Mixturen aus ertränkter Spitzmaus, Ziegentalg und Paviansmist, alles fein zerstampft, war man nicht gerade zimperlich.

Die Zielscheiben, auf die der sexuelle Magier das Ungemach herabwünschte, waren fast ausnahmslos Frauen. Bei solchen Prozeduren war wie bei den vergleichsweise harmlosen Aphrodisiaka die Norm

»männliches Handeln und weibliches Opfer«, wie John J. Winkler in seinem Buch ›Der gefesselte Eros‹ über Sexualität und Geschlechterverhältnis im antiken Griechenland schreibt.

Zwänge der Lust konnten auch ausgeübt werden, indem man eine Wachsfigur nach dem Vorbild von Eros fertigte, diese den Lebensodem von sieben erdrosselten Vögeln aufnehmen und sie alsdann mächtige Zwangsbotschaften an die zu beeinflussende Person überbringen ließ. Die wächserne Gehilfin wurde vielseitig eingesetzt. Sie sollte nicht nur bewirken, »dass sich Männer und Frauen wenden, mich zu begehren«, sondern auch beruflichen Erfolg steigern.

Weniger okkultistische Fertigkeiten erforderte die Praktik, den auserkorenen Partner mittels intensivem Blickkontakt auf die Dauer von mindestens drei tiefen Atemzügen willig zu machen. Die Augenbeschwörung wirkte umso besser, wenn dabei siebenmal der Geheimname Aphrodites aufgesagt wurde.

Hier klingt ein Aspekt der Liebeslust als unerwünschter, krank machender Zustand an. Die gesamte erotische wie auch medizinische Literatur der Antike ist getragen von der Auffassung, dass intensives Begehren eine Krankheit ist, die Seele und Körper stark in Mitleidenschaft zieht und die innere Ruhe empfindlich zu stören vermag; vor allem dann, wenn das Zusammenkommen mit der oder dem Auserkorenen unmöglich ist. So steht in Antiphon Sophokles' ›Über den Gemeinsinn‹ zu lesen: »Ein Zeichen für das beginnende Wirken von Eros ist nicht Entzücken über die Anwesenheit des Geliebten, sondern vielmehr das Stechen und der Schmerz, der sich einstellt, wenn man getrennt ist.«

Die einzig wirksame Therapie dagegen ist – das gilt damals wie heute – der geliebte Mensch selbst. »Es gibt kein Heilmittel gegen Eros, nichts, was man trinken, nichts, was man essen, nichts, was man in einem Lied singen könnte, außer einem Kuss und einer Umarmung und sich entkleidet miteinander niederzulegen.« (Longos, ›Daphnis und Chloe‹)

Was die Daphnis und Chloe angeratene Behandlung, »sich miteinander niederzulegen«, noch wirksamer macht, sind aphrodisische Rezepturen – teils einfache Hausmittel, teils komplexe Mixturen, hergestellt in aufwändigen Verfahren. Bei ihrer Entwicklung waren Ärzte, Kräuterkundler, Magier und Geistheiler, aber auch das einfache Volk über die Jahrhunderte hinweg sehr rege. Wer sich heute auf die Suche nach einem solchen Heilmittel, einem Remedium amoris, begibt, wird in den Almanachen großer Heilkundiger vergangener Tage wie Dioskurides, Plinius, Theophrast und anderen reichlich fündig.

Mehrheitlich sind es florale Liebeselixiere, die zum »Beischlaf reizen« können, aber auch Zubereitungen mit tierischen und mineralischen Zutaten werden hierzu empfohlen. Auch die im Mittelalter so populären Badestuben können als Aphrodisiakum bezeichnet werden, dienten sie doch weniger der Reinigung, als vielmehr der Anregung fleischlicher Gelüste. Zu diesem Zwecke badeten Männer und Frauen Schenkel an Schenkel, Po an Po im gleichen Zuber, verströmten über offenem Feuer geröstete Bilsenkrautsamen wollüstigen Rauch und stärkten erotisierende Speisen nebst Wein und Bier in beträchtlichen Mengen die Liebeskraft.

Nach Jahrhunderten ungebremster Verbreitung und Anwendung neigte sich die Ära der Liebesmittel im ausgehenden Mittelalter ihrem Ende entgegen. Im Zuge der fortschreitenden Christianisierung Europas geriet, was die Sinne erfreute und die Sinnlichkeit förderte, unter kirchlichen Bann. Damit auch die Aphrodisiaka: Wer sich ihrer bediente, paktierte mit dem Antichrist höchstpersönlich.

Der Klerus selbst freilich nahm sich von dieser Zensur weitgehend aus. Befasst man sich eingehender mit zeitgenössischen Berichten, wird offenbar, dass die Geistlichkeit sich keineswegs die Askese auferlegte, die sie unter Androhung drakonischer irdischer wie höllischer Strafen von ihren Schäfchen forderte, deren Furcht vor dem Fegefeuer ohnehin schon ihre Wirkung tat.

Das von der Kirche instruierte Machtmittel der Lustfeindlichkeit wirkt über die Jahrhunderte hinweg bis heute nach. So wird in nicht wenigen christlichen, meist katholischen, Ländern der Sexualität und dem Gebrauch aphrodisierender Mittel auch noch im ausgehenden 20. Jahrhundert der Nimbus des Verwerflichen angepredigt. Ein Paradox, denn von ihrem Grundgedanken her versteht sich die christliche Lehre als Botschaft der Liebe – deren körperlichem Ausdruck sucht sie jedoch entgegenzuwirken.

Anders in fernöstlichen Kulturen und bei Naturvölkern. Hier hat sich ein unbeschwerter Umgang mit Sexualität erhalten, und Liebeslust in all ihren Spielarten gilt nicht als »sündig«, sondern als wichtige Voraussetzung für Wohlbefinden und spirituelles Wachstum.

Entsprechend stammt die überwiegende Mehrheit der Aphrodisiaka, derer wir uns heute bedienen können, aus dem Orient, dessen Kulturen diesbezüglich über ein enormes Repertoire verfügen. Allen östlichen Liebeslehren gemeinsam ist, dass deren Rezepturen recht simpel und alltäglich sind. Als bestes Aphrodisiakum wird nicht eine komplizierte Mischung zahlloser Ingredienzen erachtet, sondern schlicht ein attraktiver, gegenüber sinnlichen Genüssen aufgeschlossener Partner, ferner gesunde Ernährung, natürliche Lebensweise, ein freier Geist und etwas Fantasie – das sind die Geheimnisse, die sich hinter einem erfüllten Liebesleben verbergen.

Rezepturen zum »Steifmachen von Weichheit«

»Das beste Aphrodisiakum für einen Mann ist eine schöne Frau, die leidenschaftlich verlangt, dass man sie genießen soll.« Beginnen wir im Sinne dieses orientalischen Sprichworts mit dem einfachsten und vielleicht auch ältesten Mittel. Denn wie so oft, sind es auch bei der Libido gerade die simplen Dinge, die ihr Auftrieb geben: eine attraktive Frau oder ein attraktiver Mann, bereit, sich den Freuden der Erotik zu öffnen. Schönheit und ein gepflegtes Äußeres wirken, wie in dem zitierten Sprichwort anklingt, für sich selbst bereits aphrodisisch – von der Antike bis heute hat sich daran nichts geändert. Bei Plutarch ist eine Begebenheit aus dem alten Griechenland überliefert, wo eine Frau beschuldigt wurde, Aphrodisiaka benutzt zu haben, um einen Mann zu gewinnen. Sie wurde vor die Richter gebracht, welche die Frau, als sie ihre Schönheit sahen und ihre klugen Reden vernahmen, freisprachen: »Die Anschuldigungen entbehren jeder Grundlage, du hast Aphrodisiaka schon in dir.«

Das älteste Rezept zur Bereitung eines Liebesmittels im eigentlichen Sinn stammt aus dem alten Ägypten, festgehalten in einem Papyrus aus der Zeit um 1700 v. Chr. Zum »Steifmachen von Weichheit«, so heißt es dort, soll ein Trank eingenommen werden, für den man je einen Teil Honig, Christdorn- und Dornakazienblätter verrührt und das Ganze vier Tage ziehen lässt.

Nach der Zeitenwende nimmt die Menge an aphrodisierenden Rezepturen deutlich an Umfang zu, was aber nur heißt, dass mehr Quellen erhalten geblieben sind, aus denen man schöpfen kann. So finden sich mannigfach Angaben zu Art und Anwendung Lust steigernder und die Manneskraft »stählender« Mittel, die im antiken Rom reißenden Absatz fanden; angesichts der schier unstillbaren Lebens- und Liebeslust dieser Zeit nur zu verständlich. So dienten Pfeffer und zermahlene Brennnesselsamen, eingeweicht in Olivenöl und aufgetragen auf einen ledernen Phallus, den man in den Anus einführte, zur Luststeigerung beider Geschlechter. Vorwiegend die männliche Standfestigkeit zu erhöhen hatte hingegen das Auspeitschen der maskulinen Lendenregion mit Brennnesseln und Wasserkresse zum Ziel, ebenso wie das Verspeisen der Zungen seltener Singvögel. Kaiser Tiberius war den Chronisten zufolge einer der Hauptabnehmer dieses Stimulans und ließ die Vogelzungen zuhauf aus Germanien importieren. Unter dem Gesichtspunkt aphrodisischer Wirksamkeit erscheint die bereits bei den alten Griechen übliche Manier nahe liegender, das Fleisch brünftiger männlicher Tiere, insbesondere deren Geschlechtsteile, zu sich zu nehmen. Besonders beliebt waren Widder- und Hirschfleisch sowie die Hoden und Penisse von Bullen und Hengsten. Ebenso nicht auf der Speisekarte der erotomanen Römer fehlen durften Meerestiere und Fische, vor allem Aale. Unter den floralen Elixieren für die Libido waren Alraune, Ingwer und Ginseng am begehrtesten.

Einen äußerst reichen Fundus an Aphrodisischem bietet auch das Kamasutra. Im siebten und letzten Abschnitt der indischen Liebeslehre, »Auf Geheimmittel Bezügliches«, ist detailliert beschrieben, »wie man sich gewinnend macht« und »wie man andere bestrickt« – gewidmet all jenen, die »nach den im Kamasutra ausgesprochenen Regeln das angestrebte Ziel nicht erreicht haben«. An erster Stelle stehen auch hier wieder Schönheit, Tugend, Jugend und Freigiebigkeit. Es folgen weitere »Mittel, welche Liebe bewirken«, sowohl aus Flora und Fauna wie aus dem Mineralreich.

Eine herausragende Errungenschaft, die der Westen der orientalischen Lebenslust zu verdanken hat, sind die »orientalischen Fröhlichkeitspillen«. Bereits dieser Name klingt viel versprechend und lässt auf unerhörte Genüsse schließen. Die Zutaten, aus denen sich die Lustpillen zusammensetzen, enttäuschen diese Erwartung nicht: Haschisch, Opiumtinktur, Mohnsamen sowie Stechapfelblätter und -samen, dazu verschiedenerlei Gewürze, die für Geschmacksverfeinerung und weitere Luststeigerung sorgen.

Exkursion ins Tierreich

Neben dem Pflanzenreich, das mit den meisten Liebesmitteln aufwartet, wurde auch die Fauna genauestens nach Aphrodisischem inspiziert. Kaum eine Tierart, die man nicht auf eine etwaige erotisierende Potenz hin untersuchte. Zeigte sich das analysierte Objekt als unwirksam, halfen immer noch Magie sowie Form und Funktion tierischer Artefakte weiter: pulverisierte Hirschgeweihe, Hörner vom Nashorn und Narwalzähne, Penisse von Tigern, Hengsten und Bullen sowie Eier verschiedener Vogelarten.

Vieles aus der Palette animalischer Liebeselixiere funktionierte einfach kraft purer Einbildung. Was nicht verhinderte, dass so manche Tierarten ihrer vermeintlich aphrodisierender Eigenschaften wegen der Ausrottung zum Opfer fielen.

Eines der bekanntesten wie berüchtigsten tierischen Liebesmittel, das besonders im Frankreich des 16. Jahrhunderts Furore machte, ist jenes fälschlicherweise »Spanische Fliege« genannte Krabbeltier aus der Familie der Ölkäfer. Sein säurehaltiges Sekret enthält Cantharidin, ein ungewöhnlich stark erektionsförderndes Agens. Dies verführte bereits im Altertum zu waghalsigen Experimenten, von denen nicht wenige tödlich geendet haben. Denn der potente Insektenstoff kann schon bei nur geringfügig zu hohen Dosierungen zu Dauererektionen – nach dem bereits erwähnten Gott Priapos Priapismus genannt – sowie zu schwersten Schädigungen der Harnwege führen. Letztere beförderten den Konsumenten statt mit erigiertem Phallus in weibliche Tiefen ins Nierenversagen.

Aber auch andere Käfer wurden zum Zwecke der Lustmaximierung verspeist. Neben Mai-, Nashorn- und Hirschkäfern, die man sich zermahlen, in Öl gesotten oder pur zuführte, erfreute sich in den Alpenregionen eine Maiwurm genannte Käferspezies großer Beliebtheit, um Blut in die Lenden zu treiben.

Herausragende Bedeutung unter den tierischen Aphrodisiaka hatten auch die Austern, die lebend und mit Zitrone beträufelt vor allem von Casanova in Unmengen zur Stärkung seiner Liebeskraft verzehrt wurden. Eine zeitgenössischen Berichten zufolge sehr effektive Methode, die allerdings auch zu damaligen Zeiten bereits enorm kostspielig war und den Angehörigen der europäischen Königshäuser und gut gestellten Vertretern der Oberschicht vorbehalten blieb.

Erwähnt seien noch die so genannten Zauberräder, auf die man einen Wendehals, eine Spechtart, band und sie alsdann kräftig drehte, was sexuelle Anziehungskraft herbeizaubern sollte. Oder aber jene Erfolgsrezepte, wie das rechte Auge und den ersten Schwanzwirbel eines Wolfes in einem goldenen Behälter bei sich zu tragen. Dies mache den Träger »erfolgreich, geehrt, siegreich, süß und begehrenswert von Gestalt, geliebt und begehrt durch Frauen(...)« (Kyranides). Das

Gleiche sollte das Mitführen des rechten Auges eines Seehundes, eingeschlagen in Hirschhaut, bewirken.

~

Stimulierendes von Aal bis Weinbergschnecke

Tier	*Als Aphrodisiakum verwendete Körperteile*
Aal	Fleisch
Antilope	pulverisierte Hörner
Austern	Fleisch
Bienen	Honig, Gelée royale
Blutegel	auf den Penis angelegt
Büffel	Hoden
Esel	Hoden
Frösche	Schenkel
Garnelen	Fleisch
Herkuleskäfer	getrocknet
Hirsch	Penis, Geweih, Schwanz
Hirschkäfer	Asche, getrocknet und pulverisiert
Hummer	Fleisch und Zangen
Hyäne	Galle
Krabben	Fleisch und Zangen
Kraken	Fleisch und Tinte
Krokodil	Eier und Schwanz
Kröten	Fleisch und Sekret
Maiwürmer	getrocknet
Marienkäfer	getrocknet
Moschustiere	Moschusdrüse
Narwal	pulverisierter Zahn
Nashorn	pulverisiertes Horn
Ölkäfer	getrocknet
Raupen	geröstet
Robben	Penis und Hoden

Schlangen	getrocknetes Fleisch und Gift
Seeigel	Fleisch
Seepferdchen	getrocknet
Skorpion	getrocknet
Sperling	Eier
Tiger	Penis, Hoden und Zähne
Wachtel	Eier
Weinbergschnecke	Fleisch

Mineralisches für die Libido

Das Sehnen nach noch mehr Lust, noch stärkeren Erektionen und noch größeren sexuellen Genüssen machte auch vor der Geologie nicht Halt. Ohnehin seit alters fasziniert von dem Gedanken, den sagenhaften, weil Gold produzierenden Stein der Weisen zu finden, schrieb man Mineralien magische Kräfte zu. So sollten sie die Fähigkeit besitzen, reich und gesund und eben auch sexuell attraktiv sowie enorm potent zu machen.

Das einfache Volk gab sich mit ungewöhnlich geformten Gesteinen und Fossilien, Mineralpech, Stalaktiten und Muschelschalen zufrieden. Noch heute werden in China und Südostasien versteinerte Dinosaurierzähne und -knochen als vermeintlich von »Drachen« stammend zur Förderung der Libido gehandelt. Die herrschende Oberschicht bediente sich dagegen edler Steine wie Smaragde, Rubine und Diamanten sowie Edelmetallen. Das wertvolle Gestein wanderte in Essig, um solcherart gelöst getrunken zu werden, es wurde pulverisiert oder zu Ringen und Amuletten verarbeitet.

Auch Steinen organischer Herkunft, wie Korallen, Perlen und Perlmutt sagte man liebesreizende Wirkungen nach, die sich auf den Menschen übertragen, der sie als Schmuck trägt oder als Medizin einnimmt. So existieren zahlreiche Rezepte, um Edelkorallen zu aphrodisierenden Zaubertränken zu verkochen.

In Aphrodites Zaubergürtel war, wie Homer berichtet, auch Liebesgeplauder enthalten. Erotik in Sprache gefasst, heute unter dem angelsächsischen »dirty talking« populär, galt schon früh als bestens geeignet Manneskraft wie weibliche Libido zu stärken. »Jeder Mann wird es reizend finden, wenn seine Dame in Momenten der Entspannung pikant wie ein Engel zu plaudern versteht, so dass Venus von neuem erwacht, läge sie auch in tiefstem Schlafe«, legte beispielsweise Abbé de Brantôme (1538 – 1614) seinen Zeitgenossen nahe.

Liebesmittel im Hightech-Zeitalter

Holte man sich um die Jahrhundertwende bei Pfarrer Kneipp Rat – er empfahl kalte Sitzbäder und Beckengüsse, um die Libido anzukurbeln –, steht uns heute eine große Palette an medizinisch-technischen Hilfen zur Wiedererlangung verloren gegangener Sinnenfreuden zur Verfügung. Meist sind auch diese wieder auf die männliche Lust ausgerichtet, seit jeher im wahrsten Sinn des Wortes anfälliger...

Da gibt es Kunststoffimplantate und halbsteife Stäbe, mittels derer sich der Penis wie eine Art Scharnier nach oben biegen lässt. Oder Hormonpräparate, die der Mann sich selbst per Spritze in den Penis injizieren kann. Die Akzeptanz dieser Methode ist freilich gering, denn angesichts der langen Injektionskanüle schlagen viele Männer lieber fest die Beine übereinander. Ähnliche Reaktionen erleben Ärzte, die ihren Patienten die Schwellkörper-Autoinjektionstherapie, kurz SKAT-Methode, anraten. Dabei werden gefäßerweiternde und erektionsfördernde Substanzen in den Penis gespritzt, die ihn innerhalb von zehn Minuten zu voller Pracht aufrichten – Überdosierungen können allerdings zu schmerzhaften Dauererektionen führen, die nur durch Spritzen eines Gegenmittels schwinden. Sanfter bei der Stange hält ein bewegliches Penismäntelchen aus Plastik, das übergestülpt zur gewünschten Festigkeit verhilft. Potenz aus der Tube verheißen israelische Wissenschaftler mit einer weiteren Neuerung aus der Wundertüte der modernen Aphrodisiaka: eine Salbe, die eine gefäßerweiternde Substanz enthält, die mit am Erstarken des Penis beteiligt ist und die, bevor es zur Sache gehen soll, auf eben diesen aufgetragen wird.

Der kleine Exkurs in die Kulturgeschichte der Aphrodisiaka endet mit einer Substanz, die, seit einem Jahr auf dem Markt, schon jetzt alle Rekorde bricht: Sildenafil, verpackt in eine Pille namens Viagra. Binnen weniger Wochen gelangte der »blaue Diamant« zu weltweiter Berühmtheit und machte Schlagzeilen rund um den Globus. Seit ihrer offiziellen Zulassung im Herbst 1998 wurde die Potenzpille allein in Deutschland fünf Millionen Mal geschluckt, weltweit waren es ganze hundert Millionen. Damit hat Viagra schon jetzt eine so enorme Bedeutung wie zuvor kein anderes Medikament in der gesamten Geschichte der Arzneimitteltherapie. Dies allein zeigt, dass die Sehnsucht danach, Liebesbegehren zu entfachen und erotische Genüsse zu erfahren, auch im 3. Jahrtausend ungebrochen ist. Die Suche nach Mitteln, um die Lust zu steigern, hält unvermindert an, wird uns vermutlich auch ein Viagra speziell für Frauen bescheren und sicherlich ebenso bizarre Blüten treiben wie in den Jahrhunderten zuvor. Eine davon zeigt sich bereits: die Gentherapie der Potenz. Bis vor einigen Jahren noch Zukunftsvision, wird heute intensiv nach den DNS-Stückchen im Erbmaterial geforscht, die jene Vorgänge steuern, die am Bluteinstrom in den Penis und so am Zustandekommen der Erektion beteiligt sind. Die Genschnipsel sollen, in den Penis gespritzt, zu dessen Aufstieg verhelfen. Auch zukünftig, so zeichnet sich ab, rangieren Hilfsmittel für die männliche Libido an erster Stelle – das Patriarchat bei den Aphrodisiaka bleibt wohl bis in alle Ewigkeit bestehen.

2. Kapitel:

Vom Zauber der Venus

Im Laufe ihrer langen Geschichte mussten Aphrodisiaka stetig wechselnden Ansprüchen genügen. Außer zur Unkeuschheit zu verführen, frigide Frauen zu erweichen und erlahmte Manneskraft zu stärken, sollten sie auch zur Behandlung von Unfruchtbarkeit und Zeugungsunfähigkeit sowie Erkrankungen der Geschlechtsorgane dienen. Nicht zuletzt wurden Aphrodisiaka so manches Mal auch zu politischen Zwecken eingesetzt, denn eine gesteigerte Potenz erschien vielfach als probates Machtmittel – je mehr Frauen das Oberhaupt einer Gesellschaft befriedigen konnte, desto größer sein Ansehen und desto unanfechtbarer seine Position.

Da ihre eigentliche Aufgabe nur allzu oft falsch verstanden und ihre Wirkkraft massiv überschätzt wurde, zeigen eine Reihe von Liebesmitteln nicht die ersehnte Wirkung. Denn deren Sinn und Zweck ist es lediglich, die sexuelle Energie eines gesunden Menschen zu erhöhen. So steht auch in gängigen Nachschlagewerken zu lesen, dass es sich bei Aphrodisiaka um Mittel handelt, »die eine normale Potenz steigern und einen normal ausgeprägten Geschlechtstrieb anregen können«. Um Stoffe also, die gesunden Menschen mehr Lust und entsprechend mehr Spaß an der Erotik schenken sollen – mehr nicht, aber auch nicht weniger. Denn wer das enorme Potenzial, das Aphrodisiaka hinsichtlich ihrer Fähigkeit, Wohlbefinden und Lebensgenuss zu steigern, in sich bergen, entdeckt, wer Aphrodisiaka gezielt als das einsetzt, was sie sind und sein können, dem kann der Zauber der Venus die schönsten Erfahrungen bescheren. Und so endet das Kamasutra, die große Liebeslehre des alten Indien, auch mit folgenden Zeilen an den Kenner des Wesens dieses Lehrbuches: »Wer also darin tüchtig ist, der Wissende, (...) hat, wenn sein Selbst frei ist von übergroßer Leidenschaft, als Liebender handelnd, vollendeten Erfolg.«

Geschenke an die Wollust

In unseren Breiten hat der Gebrauch von Aphrodisiaka einen vollkommen anderen Stellenwert als in fernöstlichen Ländern. Während er in diesem Teil der Welt ein selbstverständlicher Bestandteil der Pflege von Gesundheit und Wohlbefinden ist, ist er hierzulande wie auch in anderen westlichen Ländern nach wie vor tabuisiert. Und das, obwohl ein großer Bedarf an Aphrodisiaka herrschen dürfte, gemessen an der enormen Bedeutung, die Sexualität auch bei uns hat. So kam eine 1999 in der Bundesrepublik in allen Altersgruppen und sozialen Schichten durchgeführte Umfrage zu dem Ergebnis, dass 84 Prozent der Bevölkerung ein erfülltes Liebesleben und befriedigenden Sex als wesentlichen Bestandteil einer harmonischen Partnerschaft und als wichtige Voraussetzung für seelisches und körperliches Wohlbefinden betrachten.

Hier könnten Aphrodisiaka einen enormen Beitrag leisten; doch sie werden, wenn überhaupt, allenfalls bei Erektionsproblemen und Libidoverlust angewendet. Wer sie nimmt, leistet gewissermaßen einen Offenbarungseid der sexuellen Schwäche und muss es anscheinend »nötig haben«, da wohl ohne »nichts mehr läuft«.

Genau darin liegt das große Missverständnis, denn Aphrodisiaka hat niemand »nötig« im Sinne von »brauchen«. Im Grunde ist es wie beim Essen. Man kann eine Suppe jederzeit auch ohne Salz essen. Satt wird man davon ebenso, doch schmecken wird es nicht so gut. Und ebenso ist es mit Aphrodisiaka: Sie sind das Salz in der Suppe, das dem Liebesleben die Würze gibt und dafür sorgt, dass es auch dann noch schmeckt, wenn die Leidenschaft nicht mehr so sehr lodert wie zu Beginn der Beziehung. Aphrodisiaka halten die Glut der Erotik zwischen zwei Partnern am Glimmen, so dass sie jederzeit aufs Neue entfacht werden kann. Es sind Geschenke an die Lust, die sexuelle Energie und Sinnlichkeit eines gesunden Menschen steigern, seine Sensitivität erhöhen und seine Sinne schärfen und empfänglicher machen für erotische Reize – kurz, sein Liebesleben schöner, abwechslungsreicher, lebendiger und damit erfüllender machen. Natürlich lässt sich durch Aphrodisiaka nichts erzwingen und kein sexuelles Buschfeuer herbeizaubern, wo die Glut der Leidenschaft verloschen ist. Geht es darum, Defizite emotionaler oder körperlicher Art auszugleichen und sexuelle Störungen zu kurieren, stößt der Zauber der Venus an seine Grenzen und bedarf es eines Arztes oder Therapeuten.

Aphrodisiaka als Geschenke an die Lust – geradezu perfekt verwirklicht ist dies bei den Vajikarana, den Aphrodisiaka des Ayurveda (siehe 7. Kapitel), die auf dem indischen Subkontinent nach wie vor regen Zuspruch finden. Sie zielen darauf ab, die vorhandene sexuelle Energie zu steigern, um erotische Gefühle besser genießen und nicht zuletzt auch besser vermitteln zu können. Zudem dienen die Vajikarana dazu, die Gesundheit zu stärken sowie die Attraktivität und Leistungsfähigkeit zu erhöhen. Sollen jedoch körperliche Störungen und psychische Beschwerden behandelt werden, die auf der Libido lasten, greift auch der Ayurveda-Arzt zu anderen Mitteln. Ähnlich ist es bei den Aphrodisiaka der chinesischen Medizin, die primär die Stärkung des gesamten Organismus und als Folge davon der Liebeslust zum Ziel haben. Deshalb nimmt man in diesen Kulturen ein Aphrodisiakum nicht erst dann, wenn sich im Schlafzimmer nichts mehr abspielt. Die Liebesmittel des Ayurveda und auch der traditionellen chinesischen Medizin werden vielmehr täglich genommen, gewissermaßen als »Nahrungsergänzung«, um einem Nachlassen der sexuellen Energie rechtzeitig vorzubeugen.

Eros spannt seinen Bogen

Seit Aphrodisiaka genutzt werden, hat die Menschheit zahllose Vorgehensweisen ersonnen, um in den Genuss ihrer Wirkung zu kommen. Manche haben sich über die Zeiten hinweg bewährt und sind bis heute erhalten, andere hingegen wurden als untauglich wieder verworfen.

Am geläufigsten – früher wie heute – ist die innere Anwendung Libido stimulierender Substanzen in Form von Tees, Tinkturen und alkoholischen Auszügen, Weinen, Pulver, Pillen und Tabletten und auch in Konfekt verpackt. Räucherungen und Rauchmischungen erregender Duftstoffe, Kräuter, Harze und ätherische Öle sowie natürlich ausgewählte Speisen und Gewürze gehören ebenfalls zur Kategorie der innerlich angewendeten Aphrodisiaka.

Äußerlich kommen Liebesmittel überwiegend als Badezusätze, Salben und Öle zur Anwendung. Manche aphrodisierenden Stoffe wirken direkt auf die Haut ein und erhöhen deren Sensitivität, andere gelangen durch die Haut in den Blutkreislauf und entfalten auf diesem Weg ihren Effekt im Organismus. Viele Aphrodisiaka werden auch direkt auf die Genitalien aufgetragen, beispielsweise Sandelholzöl, vermischt mit Ingwer- und Zimtpulver als Einreibung für den Penis. Dass man in vergangenen Tagen oftmals nicht gerade zimperlich war, wenn es darum ging, die Liebeslust anzuheizen, zeigt folgende Rezeptur aus dem alten Indien, die zwei Stunden vor dem Akt auf den Penis aufzutragen ist: je ein Teil Möhren- und Rettichöl, etwas Senföl sowie einige lebende Ameisen, woraus man in einem Gefäß ein Gemisch rührt. Dieses Verfahren verschaffte nicht nur dem Mann gesteigerte Freuden in Gestalt einer mächtigen Erektion, die nach dem Erguss noch lange anhielt, sondern auch der Frau, deren Vagina ebenso in den Genuss der Salbung kam.

Heute kaum noch gebräuchlich sind Klistiere, im Zuge derer die Elixiere der Lust per Spritze rektal verabreicht werden, von wo sie über die Darmschleimhaut in den Körper gelangen. Zu früheren Zeiten hingegen waren Klistiere und auch Einläufe zu medizinischen und mehr noch zu Lust fördernden Zwecken höchst beliebt. Im alten Ägypten gab es sogar einen eigenen, wir würden heute sagen Facharzt, dessen Aufgabe es war, mittels Klistier für die Erhaltung von Gesundheit und Libido zu sorgen; entsprechend wurde er »Hirt des Afters« genannt. Viel später, im Frühbarock, grassierte in Europa eine regelrechte »Klistierwut«. Besonders bei Hofe hatte diese Therapie Hochkonjunktur: So ließ sich der Sonnenkönig Ludwig XIV. viele hundert Mal mit der Klistierspritze traktieren, was sicher nicht in einem ausgeprägten Gesundheitsbewusstsein des Monarchen gründete.

Einerlei für welche Art der Anwendung man sich entscheidet, wichtig ist, dass man sich körperlich und psychisch vollkommen gesund fühlt. Darüber hinaus sollte die Herkunft und Qualität des gewählten Liebesmittels bekannt sein. Nicht umsonst endet im Kamasutra die Palette der Mittel, »welche Liebe bewirken«, mit dem Rat: »Nicht verwende man zweifelhafte Mittel oder solche, die den Körper zu sehr beanspruchen, und solche, die aus unreinen Substanzen bestehen (…)« Ebenso sollte derselbe Liebeszauber nicht zu oft gebraucht werden. Sonst gerät er schnell in den Schatten des Alltäglichen, und zudem wäre es bei der großen Auswahl auch viel zu schade.

Zwischen Legenden und Fakten

Die Tatsache, dass Aphrodisiaka das Liebesleben bereichern, zum Ausgleich von Defiziten in diesem Bereich jedoch ungeeignet sind, hat dazu geführt, dass es nach Ansicht der modernen Medizin kein einzig echtes, weil wirksames Aphrodisiakum gibt. Da die Schulmedizin nun einmal auf die Behandlung von Krankheiten spezialisiert ist und Aphrodisiaka für gesunde Menschen mit einer gesunden Sexualität gedacht sind, kann auch kein Heileffekt im Sinne von Beschwerdebesserung oder –freiheit nachgewiesen werden. Und so werden die unzähligen positiven Erfahrungen, die über Jahrhunderte hinweg von vielen Menschen rund um den Erdball mit bestimmten Aphrodisiaka gemacht wurden, ignoriert oder den Legenden und Sagen zugeordnet. Weil aufgrund der funktionalistischen Weltsicht der westlichen Wissenschaft nicht sein darf, was nicht sein kann: dass eine Substanz die Libido anregt, ihre Wirkung jedoch körperlich, beispielsweise durch gesteigerten Bluteinstrom in die Schwellkörper des Penis oder erhöhte Nervenaktivität, nicht messbar ist.

Selbst beim Wirkstoff des Yohimbé-Baumes, dem Yohimbin, dessen erotisierende Wirkungen in Tier- und Laborversuchen zweifelsfrei belegt wurden, streiten sich die Gelehrten nach wie vor. Die einen billigen ihm den wissenschaftlichen Segen zu, ein tatsächlich wirksames Aphrodisiakum zu sein, da es nachgewiesenermaßen jene Nerven stimuliert, die für die Erektion verantwortlich sind. Die anderen hingegen erachten die erektionsfördernden Effekte als bloßes Täuschungsmanöver, das nur in einigen wenigen Fällen funktioniert, und stellen das Yohimbin mit in jene Ecke, in die bereits die zahllosen anderen Liebesmittel, die »nur durch reine Einbildung wirken«, verbannt wurden.

Dass die Trefferquote jener Analysen, ob und auf welche Weise die Pfeile des Eros wirken, so bescheiden ist, liegt auch daran, dass das kulturelle Umfeld, in dem die Rezepturen und Mittel verwendet wurden, unberücksichtigt bleibt. Oftmals war und ist die Anwendung bestimmter Aphrodisiaka mit ganz speziellen Riten, Zeremonien und Verhaltensweisen verbunden. Indem sich der wissenschaftlich sezierende Geist einzig auf die Inhaltsstoffe von Aphrodisiaka konzentriert, um ihnen so ihr Geheimnis zu entlocken, splittet und reißt er auseinander, was seit Jahrhunderten untrennbar zusammengehört. Weil Sex jedoch im Kopf beginnt und nicht in der Leibesmitte, ist auch das Umfeld und der geistige Kontext, in dem eine Substanz zur Steigerung der Lust genommen wird, maßgeblich für seine Wirksamkeit.

Auf dem wissenschaftlichen Prüfstand

Waren es einst Pflanzengeister und mächtige Zauber, die als Erklärung für aphrodisierende Wirkungen von Pflanzen bemüht wurden, suchte die moderne Forschung nach Inhaltsstoffen, denen diese Effekte zugeschrieben werden können. Und sie wurde fündig: In der Mehrheit der Pflanzen, die seit Jahrhunderten als Aphrodisiaka angewendet werden, sind Alkaloide enthalten; psychoaktive Substanzen, die Psyche und Bewusstsein beeinflussen.

Die Bedeutung des Begriffs psychoaktiv ist »die Geistestätigkeit stimulierend, den Geist bewegend«: Pflanzen mit psychoaktiven Inhaltsstoffen entfalten einen direkten Einfluss auf die Psyche. Die Wirkungen, die sie hervorrufen können, reichen von der milden Anregung einer Tasse Tee bis hin zu Halluzinationen, wie sie nach dem Genuss von psychedelisch wirksamen Pflanzen wie Zauberpilzen oder Peyote auftreten. Letztere – Pflanzen, die das Bewusstsein erweitern, indem sie den Eintritt in ungewohnte, neue Erlebniswelten ermöglichen – bilden mit die größte Gruppe unter den psychoaktiven Vertretern der Flora.

Die psychoaktiven Wirkstoffe werden gemäß den Effekten, die sie hervorrufen, in verschiedene Kategorien eingeordnet. Da sind die Stimulanzien, jene Stoffe, die anregen, Motivation und Konzentration steigern und wach machen, jedoch keine Veränderungen in der Wahrnehmung und Empfindungsfähigkeit bewirken. Pflanzen mit stimulierenden Wirkstoffen sind vor allem Kaffee, Kakao, Tee, Guarana, Maté, Tabak, Betel, Kola-Nuss und Koka. Zur Kategorie der Sedativa, Hypnotika und Narkotika gehören alle Stoffe, die beruhigen, den Schlaf fördern, Angst lösen und Schmerz stillen; sie sind enthalten beispielsweise in Hopfen, Melisse, Baldrian, Passionsblume, Kava-Kava und Schlafmohn (Opium und Morphin). Die Halluzinogene, auch Entheogene oder Psychedelika genannt, bewirken eine Veränderung in der Wahrnehmung, der emotionalen Verfassung sowie im räumlichen und zeitlichen Empfinden. Eine Vielzahl aphrodisierender Pflanzen, beispielsweise die Nachtschattengewächse Tollkirsche, Alraune und Bilsenkraut, aber auch Zauberpilze und Peyote, verfügen über stark halluzinogene Wirkstoffe.

Pflanzen mit Wirkung auf die Psyche sind alles andere als botanische Sonderlinge. Sie sind vielmehr Wegbegleiter der Kulturen und untrennbar mit allen Bereichen des menschlichen Daseins, sei es Liebe und Leidenschaft, Religion und Medizin, verbunden. Die Mehrheit der Pflanzen, die dem Menschen seit Jahrtausenden als

Aphrodisiaka wie auch als wirksame Heilmittel dienen, sind jene mit psychoaktiven Eigenschaften.

~

Die große Gruppe der Alkaloide umfasst viele verschiedene Substanzen, von denen nur einige aphrodisisch wirksam sind. Dazu gehören zum einen die so genannten Tropan-Alkaloide, enthalten in Nachtschattengewächsen wie beispielsweise Tollkirsche, Stechapfel, Bilsenkraut und Alraune – alles berühmte Liebespflanzen (siehe 4. Kapitel). Weitere aphrodisierende Alkaloide sind die Indole, zu denen unter anderem das in der Rinde des Yohimbé-Baumes vertretene Yohimbin zählt, sowie die Tryptamine, zu finden in den berühmt-berüchtigten Zauberpilzen. Ebenfalls stimulierend auf die Libido wirken die Purine und Phenethylamine. Zu letztgenannten gehört auch das psychedelisch wirksame Meskalin, das außer im Peyote auch in vielen anderen aphrodisierenden Kakteen vorkommt. Andere Phenethylamine, wie Kokain, Ephedrin und der im Kakao enthaltene Luststoff Theobromin, wirken erregend auf das zentrale Nervensystem und stimulieren so die Libido, ohne dabei jedoch die Wahrnehmung zu verändern. Das bekannteste Purin ist das in Kaffee, Tee und den Guarana-Früchten enthaltene Koffein, das anregt und das Leistungsvermögen steigert. Der Kreis der aphrodisierenden Alkaloide schließt sich mit den Opiaten aus den Mohnpflanzen und den Beta-Carbolinen, enthalten unter anderem in der Ayahuasca-Liane.

Neben den Alkaloiden finden sich in pflanzlichen Aphrodisiaka auch ätherische Öle, die in höheren Konzentrationen berauschend und psychoaktiv wirken können. Viele Gewürze wie Muskatnuss, Kalmus und Zimt, aber auch das Damiana-Kraut verdanken ihnen ihre aphrodisierenden Wirkungen. Auch die psychoaktiv wirksamen Cannabinole, deren wichtigste die im Hanf enthaltenen Cannabinoide sind, gehören nicht zu den Alkaloiden, haben jedoch deutlich stimulierende Effekte auf die Libido. Sie verstärken die Empfindungsfähigkeit und haben leicht bewusstseinsverändernde Eigenschaften.

Ob Alkaloide, Cannabinole oder ätherische Öle, ob erotisierend oder nicht – allen psychoaktiven Stoffen gemeinsam ist, dass sie das Nervensystem direkt beeinflussen. Sie wirken unmittelbar auf die Neurotransmitter, körpereigene Botenstoffe, und damit auf die Signalweiterleitung zwischen den einzelnen Nervenzellen ein. Zu vielen Neurotransmittern unseres Nervensystems finden sich gleichartige Stoffe in psychoaktiven Pflanzen. Die psychoaktiven Pflanzenwirkstoffe sind zwar nicht identisch mit den Botenstoffen des Körpers, rufen jedoch vergleichbare Reaktionen hervor, da sie ihnen in ihrem strukturellen Aufbau sehr ähnlich sind. So ähneln beispielsweise die Tropane dem Neurotransmitter Acetylcholin, die Phenethylamine dem Noradrenalin, die Indole und Tryptamine dem Serotonin, und die Opiate gleichen in ihrem chemischen Aufbau dem der Endorphine.

Entsprechend ihrer gleichartigen chemischen Struktur können psychoaktive Wirkstoffe das psychische Befinden und den Hormonhaushalt ebenso beeinflussen wie die »hausgemachten« Boten Amors (siehe 3. Kapitel) – der Grund für die aphrodisierende Wirkung, die viele psychoaktive Pflanzen entfalten.

Nach dem gleichen Prinzip wirken jene pflanzlichen Aphrodisiaka, die hormonell wirksame Stoffe enthalten. Diese gleichen ebenfalls von ihrem chemischen Aufbau her den Sexualhormonen des Menschen und können so einen direkten Einfluss auf das fein abgestimmte Zusammenspiel der Hormone und damit auf das Liebesleben ausüben.

Weitere häufige Wirkstoffe der Liebespflanzen sind die Pheromone, sexuelle Lockstoffe, deren Bedeutung für das Liebesleben seit einigen Jahren Gegenstand intensiver Forschungen ist, die bereits höchst interessante Ergebnisse vorweisen können.

Anders als bei jenen aus der Pflanzenwelt entbehrt die Wirkung der meisten Aphrodisiaka aus der Tierwelt einer wissenschaftlichen Basis. Zumindest wurde diese bis jetzt noch nicht entdeckt, wobei allerdings die erwähnte Problematik bei der Erforschung luststeigernder Mittel berücksichtigt werden muss.

Dass pulverisierten Stoßzähnen von Nashörnern, getrockneten Tigerpenissen und ähnlichem trotz allem weiterhin große Wertschätzung zuteil wird, vor allem in fernöstlichen Ländern, gründet in dem Wunschglauben, dass sich die sexuelle Energie dieser Tiere durch die Einnahme bestimmter Teile ihrer Körper übertragen lässt.

Auch beim berühmtesten und zugleich berüchtigsten unter den Stimulanzien für die Libido, der Spanischen Fliege, fehlt der Nachweis der Wirksamkeit. Das Cantharidin, jener Stoff im Sekret des kleinen Vertreters aus der Ölkäferfamilie, war es, der dem Krabbeltier seinen weltweiten Ruhm als Lustmittel schlechthin einbrachte. Eine traurige Berühmtheit, denn die Spanische Fliege hat im Laufe ihrer jahrhundertelangen Nutzung unzähligen Menschen schmerzhafte Dauererektionen, Hodenentzündungen, schwerste Nierenschäden und nicht wenigen auch den Tod beschert. Beim Cantharidin liegt die wirksame Dosis sehr nahe bei der stark schädlichen – eine Gratwanderung, die tödlich enden kann.

Die vermeintlich aphrodisischen Wirkungen des begehrten Potenzmittels haben sich als grobe, leider auch lebensgefährliche Fehlinterpretation entpuppt: »(...)die zuweilen erreichten, anscheinend erotischen Erscheinungen sind nichts anderes als Zeichen schwerer Erkrankungen der Harnwege«, so die heutige Lehrmeinung in medizinischen Handbüchern. Hierzulande, wie in anderen westlichen Ländern auch, ist der Verkauf der Spanischen Fliege verboten. Nur als Homöopathikum darf das Cantharidin noch über den Ladentisch der Apotheken – in starker Verdünnung soll es aphrodisierend wirken; ein Effekt, der allerdings ebenfalls zweifelhaft ist.

Von der Fehlanzeige hinsichtlich Wirksamkeitsnachweis ausgenommen sind tierische Duftstoffe wie Moschus oder Ambra. Wie nicht zuletzt durch die neuesten Forschungsergebnisse auf dem Gebiet der Sexuallockstoffe bestätigt, können Duftstoffe aus den Sexualdrüsen bestimmter Tiere tatsächlich auch beim Menschen »animalische« Gelüste wecken.

Lustfördernde Mineralien

Bei so manchen mineralischen Libidoelixieren finden sich gute Gründe dafür, weshalb man sie zur Steigerung der Liebeslust auserkor. Heute ist bekannt, dass einige Gesteine und Edelsteine Mineralstoffe und Spurenelemente enthalten, die für die Erhaltung von Funktion und Gesundheit der Sexualorgane immens wichtig sind. Andere wiederum sind an der Bildung von Geschlechtshormonen beteiligt und sorgen mit dafür, dass der Hormonhaushalt im Gleichgewicht bleibt.

Mit zu den bedeutendsten Stoffen in diesem Zusammenhang gehören Kalzium, Magnesium, Mangan und Zink. So ist Zink ein unerlässlicher Faktor für die Produktion der männlichen Samenzellen und zu einem hohen Anteil im Sperma vertreten. Bereits ein geringer Zinkmangel kann zur verringerten Bildung von Sexualhormonen und infolgedessen zu nachlassender Libido führen. Das Gleiche gilt für einen Mangel an dem Spurenelement Mangan: Zahlreiche Studien belegen, dass dies die sexuelle Lust herabsetzt. Kalzium hingegen kann das Empfindungsvermögen steigern, da es ursächlich an der Weiterleitung von Nervenimpulsen beteiligt ist. Magnesium schließlich gilt heute als das »Anti-Stress-Mineral«, da es den Organismus dabei unterstützt, Überbeanspruchungen der Leistungskraft besser zu bewältigen. Damit schützt und stärkt es die sexuelle Energie, denn deren schlimmste Feinde sind starke Anspannung und Stress.

3. Kapitel:

Amors Boten

~

Lange bevor wir einen erotischen Moment bewußt wahrnehmen und sich sexuelle Gefühle regen, sind in Körper und Geist mächtige Kräfte am Werk. Diese bestimmen ohne eigenes Zutun und oftmals geradezu gegen unseren Willen darüber, ob, wen und wie stark wir begehren. Sie erwecken unwiderstehliches Verlangen und benebeln binnen Sekunden die Sinne durch wollüstige Gedanken, wo zuvor kühle Vernunft regierte. Von der Rationalität sonst zensierte Regungen, unwiderstehliche Anziehung von Menschen, euphorische Höhenflüge und abgrundtiefe Traurigkeit, unstillbare Sucht nach einer bestimmten Person – all dies geht auf das Konto willentlich nicht beeinflussbarer Vorgänge im Körper jener, die Amors Pfeile getroffen haben und die dem Ruf der Leidenschaft gleich Marionetten folgen.

Was deren Fäden in der Hand hält, sind Hormone und die eng verwandten Neurotransmitter sowie andere Boten von Leidenschaft und Begierde, die zu Molekülen verschmolzen in unserem Körper zirkulieren und als körpereigene Alchemie der Lust einen entscheidenden Einfluss auf unser sexuelles Verhalten haben.

Das Konzert der Hormone

Richtete sich das Interesse der Pioniere der Sexualforschung Masters, Johnson und Kollegen noch auf die Hormone Testosteron und Östrogen, wurde die Palette der körpereigenen Luststoffe in den letzten Jahren stetig um Neuenteckungen erweitert. Zu den alten Bekannten gesellten sich Neurotransmitter, Pheromone und körpereigene Amphetamine. Damit wurde die bis dato herrschende Fokussierung auf körperliche Vorgänge durch die Erforschung der Biochemie der Emotion ergänzt und bisweilen sogar abgelöst. Mehr und mehr kristallisierte sich heraus, dass biochemische Substanzen Gefühle und Verhalten eines Menschen beeinflussen und dass jedes Hormon für sich auf die sexuellen Steuerzentralen einwirkt.

Dies bestätigte sich, als man entdeckte, dass die Nervenzellen eigene Rezeptoren für Endorphine und Hormone besitzen – eine Flut von Entdeckungen setzte ein. So beispielsweise, dass Testosteron und Östrogen nicht nur allein auf die Geschlechtsorgane, sondern auch unmittelbar auf das Gehirn Einfluss nehmen. Gleiches ergab sich im Zuge weiterer Forschungen für zahlreiche andere Botenstoffe des Körpers – mehr und mehr Teile des Puzzles wurden zusammengefügt. Dass nicht das Gehirn alleiniger Dirigent des Orchesters der Lüste und Leidenschaften ist, sondern in dem Konzert auch Botenstoffe mitwirken, die sogar die oberste Schaltzentrale selbst manipulieren können, stellte die bis dato herrschende Lehrmeinung der Endokrinologie vollkommen auf den Kopf. Denn dass sich Tiere gesteuert durch Hormone und andere Stoffe zur Paarung anschicken, Lockrufe versenden und Kämpfe um die besten Partner führen, ist allseits bekannt. Doch dass auch der Mensch, Herr seiner Sinne und Taten, in seinem Sehnen und Begehren zu einem nicht geringen Ausmaß dem Diktat eines Konglomerats von Molekülen unterliegt, mag einigermaßen befremden. Aber nicht nur biochemische Stoffagglomerate aus eigener Produktion verwirren den Verstand und bringen Pulsschlag nebst Gemüt aus der Ruhe. Auch Moleküle, die andere Lebewesen produzieren und auf ihre Umwelt loslassen, sind dazu imstande.

Folgenreiche Botschaften

Hormone als die Gesandten des Organismus übermitteln Botschaften, die bei den Empfängern bestimmte Reaktionen auslösen. Auf diese Weise koordinieren die Botenstoffe zahllose Körperfunktionen und beeinflussen auch Emotionen und sexuelles Verhalten. Hormone sind die Zeremonienmeister, die das Protokoll ausgeben, nach dem das multiple Geschehen in den Geschlechtsorganen seinen Lauf nimmt. Denn hier herrscht rege Betriebsamkeit. Da reifen, springen und wandern Eizellen, klettern Samenzellen Kanäle hinauf und hinunter, treffen Eier mit befruchtungswilligen Spermien zusammen, und alles nicht etwa chaotisch durcheinander, sondern präzise und ausgeklügelt gesteuert.

Gebildet und freigesetzt werden Hormone von den endokrinen Drüsen, von wo aus sie via Blutkreislauf durch den Organismus zirkulieren, um ihre Nachricht weiterzuleiten. Dies geschieht allerdings nicht wahllos, denn die Empfänger sprechen nur auf »ihren« speziellen Kurier an; ist es der falsche, bleibt die Botschaft ohne Wirkung.

Dafür, dass der Hormonhaushalt nicht aus der Balance gerät, sorgt der im Zwischenhirn gelegene Hypothalamus. Über hochsensible Hormonfühler registriert er Überschüsse oder Mängel an bestimmten Hormonen und entsendet den Befehl, die Produktion zu drosseln oder aber anzukurbeln. Der Hormonhaushalt wird ebenso von Reizen aus der Umwelt sowie von Emotionen beeinflusst. Bereits geringe Veränderungen der Lebenssituation, Ernährung und des Gesundheitszustandes sowie vor allem Stress schlagen sich im fein aufeinander abgestimmten Spiel der Hormone nieder. Stress als Symptom unserer Zeit und Auslöser zahlreicher körperlicher Erkrankungen ist vielfach auch die Ursache nachlassender Libido: Wenn es im Bett nicht mehr so recht klappen will, steckt häufig dauerhafte psychische und körperliche Überlastung dahinter. Denn um die an ihn gestellten Anforderungen zu bewältigen, schüttet der Körper hohe Mengen an so genannten Stresshormonen, allen voran Adrenalin, aus. Infolgedessen kippt das Gleichgewicht, der Hypothalamus vermindert die Bildung der Sexualhormone, und zugleich schwindet die Lust. Studien belegen, dass anhaltender Stress bei Männern den Testosteronspiegel senken kann.

Weitere Störfaktoren sind die Wechselwirkungen der Hormone untereinander. Ein Mal bewirkt der Anstieg des einen den Abfall eines anderen, ein ander Mal erhöhen steigende Konzentrationen des einen Hormons auch die anderer. Tatsächlich ist die Interaktion zwischen Hormonen so komplex, dass es vielfach unmöglich ist, ihre Wirkungen einzeln für sich zu erfassen.

Die Stoffe, aus denen die Lust ist

Die »hausgemachten« Stoffe der Leidenschaft sind zugleich die wirksamsten Aphrodisiaka. Denn sie steigern intern die Lust und sorgen zudem dafür, dass die Botschaft von außen zugeführter Libidostimulanzien optimal ankommt und umgesetzt wird. Welche körpereigenen Aphrodisiaka es gibt und wie sie wirken, ist Thema der folgenden Seiten.

Der Quell der Leidenschaft

Testosteron gilt als die wichtigste Triebfeder der Lust; sowohl bei Männern wie bei Frauen. Das »Männlichkeitshormon« besitzt einen enormen Stellenwert für die Aktivität der Libido; es ist in gewisser Hinsicht der Draufgänger, der sexuelle Bereitschaft und Verlangen erhöht, der Lust auf Neues und Unbekanntes weckt, zu Affären und Abenteuern animiert und erotische Fantasien herbeizaubert. Dementsprechend ist Testosteron nicht der Stoff für emotionale Nähe und gefühlsmäßige Bindung, sondern bewirkt genau das Gegenteil:

Lust auf Sex pur, kurz und unverbindlich, ohne gefühlsmäßige Ansprüche.

Ein weiterer Effekt des Luststoffs ist seine stimmungsaufhellende Wirkung; er macht selbstbewusst und durchsetzungsfähig. Darüber hinaus erhöht Testosteron die Gehirnleistung, stärkt Gedächtnis und Konzentrationsvermögen. Dieses Hormon ist für die aggressive Komponente eines Menschen verantwortlich. Es erhöht die Risikobereitschaft und Verteidigungskraft, fördert aber auch Reizbarkeit und Angriffslust. Dafür, dass es nicht zu allzu eruptiven Schüben von Testosteron kommt, sorgt ein Stoff namens Vasopressin, auch »diuretisches Hormon« genannt. Es entschärft gewissermaßen das Testosteron, indem es dessen Ausschüttung reguliert und extremen Konzentrationen im Blut entgegenwirkt.

Testosteron wird in der Nebennierenrinde, in den Hoden und Eierstöcken gebildet und gehört zu den Androgenen, den männlichen Geschlechtshormonen. Es ist maßgeblich an der Ausprägung der typisch männlichen Merkmale wie Bartwuchs, muskulöser Körperbau und tiefe Stimme beteiligt und bei Männern in bis zu vierzigmal höherer Konzentration vorhanden als bei Frauen. Doch jeder Mensch trägt beides in sich: sowohl männliche wie weibliche Hormone. In unterschiedlichen Konzentrationen zwar, dennoch jeweils absolut unerlässlich: die weiblich-männlich-Klassifizierung der Sexualhormone und der Sexualität per se ist längst überholt. So fördert das vermeintlich »maskuline« Testosteron ganz entscheidend auch die Libido der Frau, deutlich mehr als das »feminine« Östrogen. Dieses wiederum ist unverzichtbar für Männer, denn erst seine Anwesenheit lässt Testosteron wirksam werden.

Aller Lust Anfang

Das »feminine« Östrogen bildet den Auftakt jeder sexuellen Begegnung, macht eine Frau anziehend für einen Mann und die Frau bereit sich seinem Werben hinzugeben. Ohne dieses mächtige Hormon würden Mann und Frau nur schwerlich zusammenfinden. Als weibliches Pendant zum Testosteron, zuständig für die Ausprägung der femininen Geschlechtsmerkmale sowie für Produktion und Reifung der Eizellen, gibt Östrogen gewissermaßen grünes Licht für Sex. Erst unter seinem Einfluss können die maskulinen Boten der Lust anfahren und, sobald sie das Signal »einverstanden, bin bereit« erhalten haben, durchstarten.

Was Frauen weich und empfänglich macht, steigert allerdings nicht zugleich deren Lust. Östrogen ist nicht der Stoff, der erotisch aktiv macht und Frauen auf Männer zugehen lässt. Vielmehr fördert und erhält es die »rezeptiv« genannte Bereitwilligkeit, dem maskulinen Drängen nachzugeben. Das bedeutet nun nicht, dass Frauen aufgrund ihres Östrogens nur männliche Impulse empfangen und darauf reagieren, selbst jedoch keine aussenden. Ganz im Gegenteil, nach dem Motto »ewig lockt das Weib«, ist es die Frau, welche die Lawine der Leidenschaft ins Rollen bringt. Sie lockt, er beginnt sein Werben, sie signalisiert Gefallen, er, nunmehr auf der richtigen Fährte, legt einen Gang zu. Bis zum Finale, und auch da redet Östrogen wieder ein Wörtchen mit: es lässt die Scheide feucht werden und bereitet den Boden für den Orgasmus.

Die Trumpfkarte

Neben Phenylethylamin, dem »Speed der Libido«, ist Dehydroepiandrosteron das stärkste Aphrodisiakum, das in unserem Körper zirkuliert und die Weichen im Liebesleben stellt. Das Molekül mit dem zungenbrecherischen Namen, DHEA abgekürzt, ist das in der höchsten Konzentration vorhandene Hormon im menschlichen Körper und die Vorstufe zu Östrogen, Testosteron und anderen Botenstoffen.

DHEA ist gewissermaßen der Trumpf, den sich Amors Boten gegenseitig zuspielen. Es bestimmt bei Frau und Mann mit darüber, ob und wann sie sexuell empfänglich und aktiv sind. Dabei steigert es nicht nur die Lust und die Orgasmusfähigkeit. DHEA ist auch der

Stoff, der einen Menschen für potenzielle Partner attraktiv macht und deren erotisches Interesse weckt, oder eben nicht. Zum einen mixt DHEA den ganz spezifischen »Duftcocktail« eines Menschen, der ihn für die einen anziehend, für die anderen hingegen uninteressant werden lässt: Pheromone entstehen aus DHEA. Zum anderen steuert es auch jene Sensoren, die Lockstoffe registrieren, und vermag so auch darauf Einfluss zu nehmen, wer als sexueller Gespiele auserkoren wird und wessen Anträge dagegen auf Granit stoßen.

Abgesehen von dem umfassenden Wirkspektrum auf die Sexualität hat DHEA auch gesundheitliche Vorzüge zu bieten. Es aktiviert das Immunsystem, wirkt antidepressiv, verbessert die Hirnleistungen und trägt mit dazu bei, den Alterungsprozess zu verlangsamen. Als weiteres Plus fördert DHEA den Abbau von Fettzellen und kann somit gewichtsreduzierende Bemühungen wirksam unterstützen. Angesichts dieser Effekte auf Liebesleben und Gesundheit überrascht es nicht, dass DHEA inzwischen auch auf künstlichem Wege hergestellt wird und als neuer Stern am Himmel der Lifestyle-Medizin größten Zuspruch erfährt. DHEA aus dem Labor ist heute rezeptfrei in den Apotheken und Drogeriemärkten Europas und den USA erhältlich und wird zuhauf gegen Wechseljahrbeschwerden, als Schlankheitsmittel sowie natürlich auch und vor allem zur Steigerung der Libido eingesetzt.

Die gesündeste Droge

Berührungen lösen eine Kettenreaktion positiver Effekte auf Körper und Seele aus, die das dringende Bedürfnis nach weiteren Streicheleinheiten erwecken. Dafür, dass Berührungen regelrecht abhängig machen können, zeichnet vor allem das Hormon Oxytocin verantwortlich: Wer sich nach körperlicher Nähe zum Partner sehnt, steht unter dem Einfluss von Oxytocin, das in Mengen durch sein Blut strömt und signalisiert: »erneuter Hautkontakt erforderlich«. Allein der Gedanke an den geliebten Menschen lässt Oxytocin ansteigen. Ist die ersehnte Person dann in Reichweite, steigt die Konzentration geradezu explosionsartig an. Das Vertrackte am Oxytocin ist, dass es einerseits als Reaktion auf Berührungen sprunghaft ansteigt, diese hohen Konzentrationen andererseits jedoch umgehend den Wunsch nach weiteren Streicheleinheiten steigern. Die Folge ist, dass man nie genug davon bekommen kann.

Suche wie Sucht nach Austausch von Zärtlichkeiten sind in gewisser Hinsicht lebenserhaltend. Nicht umsonst gehört gegenseitige Berührung zu den Grundinstinkten der Tiere. Beim Menschen geht es, ein wenig kultivierter vielleicht, nicht recht viel anders zu: Immer wieder wurde beobachtet, dass fehlende Berührung Babys verkümmern und in ihrer Entwicklung stagnieren, alte Menschen rascher verfallen und senil werden lässt. Auch Erwachsene auf der Höhe ihrer Lebens- und Liebeskraft kommen ohne regelmäßige Zufuhr von Streicheleinheiten nicht aus: Das Abwehrsystem verliert an Schlagkraft, Motivation und Leistungsfähigkeit erlahmen und mit ihnen Potenz und Libido.

Außer Berührung und körperlicher Nähe fördert Oxytocin auch die sexuelle Bereitschaft. Im Vordergrund steht dabei allerdings weniger die Befriedigung leidenschaftlicher Begierden, sondern vielmehr das Bedürfnis nach zärtlichem Kontakt mit dem Partner. Um diesen Genuss perfekt zu machen, steigert Oxytocin die Sensitivität von Klitoris und Eichel und macht sie empfänglicher für Berührungen – auf dem Höhepunkt, dem Orgasmus, geht dann ein Oxytocin-Feuerwerk los. Hinzu kommt, dass Oxytocin Stress und dessen negative Auswirkungen vermindert, die Aktivität des Immunsystems erhöht und Heilungsprozesse beschleunigt. In emotionaler Hinsicht reduziert es Angst und Anspannung, wirkt beruhigend und fördert partnerschaftliches und rücksichtsvolles Verhalten – nicht nur unter Sexualpartnern, sondern allgemein im zwischenmenschlichen Bereich.

Neuesten Theorien zufolge fördert das »Liebeshormon« auch dauerhafte Paarbindungen, indem es monogames Verhalten positiv beeinflusst. Für einige Tierarten gilt dies bereits als gesichert. Präriewühlmäuse, die hohe Mengen an Oxytocin ausschütten, führen beispielsweise ein geradezu vorbildliches Eheleben und bleiben dem Partner ihr Mäuseleben lang treu. Verabreicht man den Nagern hingegen eine Substanz, die der Bildung dieses Hormons einen Riegel vorschiebt, ist es aus und vorbei mit dem Familienglück, und Herr und Frau Wühlmaus, bis dato traut vereint, wollen nichts mehr voneinander wissen.

Warum Liebe süchtig machen kann

Frisch Verliebte und Schokolade haben etwas gemeinsam: ein Molekül, das auf Wolken schweben lässt, den Vernünftigsten den Kopf verdreht, die rosarote Brille aufsetzt, Hunger und Müdigkeit vertreibt und wie betrunken vor Glück macht. Der Name dieses körpereigenen Aphrodisiakums ist Phenylethylamin. Abgekürzt PEA, handelt es sich dabei um einen vom Körper selbst gebildeten Amphetamin ähnlichen Stoff. PEA bewirkt höchste Euphorie und rauschhafte sexuelle Gefühle – es verleiht geradezu Flügel. Wen das intensive Gefühl des Begehrens, des unstillbaren leidenschaftlichen Verlangens wie einen Blitzschlag erfasst, steht im Bann des PEA: Es hat unmerklich von seinen Emotionen und seinem Körper Besitz genommen und sorgt ab sofort für Verliebtheit bis über beide Ohren.

Es scheint sie also doch zu geben, die Liebe auf den ersten Blick und jenes Phänomen, dass vom ersten Moment an die »Chemie gestimmt« hat. Neuesten Erkenntnissen zufolge ist vor allem Phenylethylamin im Verbund mit Pheromonen dafür verantwortlich, dass sich zwischen zwei Menschen in kürzester Zeit jene magische Anziehung entwickelt, die geradezu hypnotisiert und Schauer prickelnder Lust über den Rücken jagt.

Auch während des Orgasmus werden extrem hohe Konzentrationen an PEA ausgeschüttet. Diese biochemische Erklärung für leidenschaftliche Hochgefühle liegt auch der seit Jahrhunderten bekannten aphrodisischen Wirkung von Kakao zugrunde: auch er enthält große

Mengen an PEA, und deshalb setzt bei Liebeskummer oftmals ein extremes Verlangen nach Schokolade ein.

Wissenschaftler sehen Phenylethylamin als süchtig machend an – süchtig nach den leidenschaftlichen Empfindungen, die Romanzen mit sich bringen. Entsprechend befindet sich, wer eine Trennung erlebt oder wessen Gefühle unerwidert bleiben, schlichtweg auf PEA-Entzug. Die Effekte, die das Liebesmolekül hervorruft – es wirkt antidepressiv, appetithemmend und erhöht die Leistungsfähigkeit –, verkehren sich allesamt ins Gegenteil und lassen den Betreffenden in einen emotionalen Abgrund von Trauer und Lethargie fallen. Mittlerweile werden Menschen, die ihren Trennungsschmerz nicht bewältigen können, erfolgreich mit synthetischen Abkömmlingen des verlustig gegangenen Agens der Passion therapiert.

Lustvollere Möglichkeiten, den PEA-Spiegel in die Höhe zu treiben, bietet die Lektüre erotischer Magazine, Liebesromane oder Ähnliches. Nicht zu vergleichen mit dem schnellen PEA-Schub allerdings ist jener Trip, den Erotisches aus »eigener Herstellung« auslösen kann: Erinnerungen an wollüstige Momente, die das erlebte ekstatische Gefühl wieder spüren lassen, sexuelle Fantastereien, allein, mit Unbekannten oder mit dem derzeitigen Objekt der Begierde, können binnen Sekunden Sturzfluten des Luststoffs durch die Adern jagen.

Botschaften der Sinnlichkeit

Voraussetzung dafür, dass Berührungen und andere Reize in Sekundenbruchteilen vom Gehirn registriert und umgesetzt werden können, ist die optimale Kommunikation zwischen den rund hundert Milliarden Nervenzellen unseres Körpers. Dies gewährleisten Neurotransmitter: Substanzen, die elektrische Impulse blitzartig von einer Nervenzelle zur anderen weiterleiten. Für Sexualität und Erotik wichtige Neurotransmitter sind vor allem Dopamin und Serotonin sowie Acetylcholin. Letzteres steigert die Sensitivität der Nerven im Bereich der Geschlechtsorgane und trägt so mit zur sexuellen Stimulierung bei.

Der erotisch bedeutsamste Nervenbotenstoff ist das Dopamin. Dopamin ist der zündende Funke, der die Libido anheizt und die Begierde entfacht. Ohne Dopamin wäre die ganze Sache nur halb so vergnüglich, denn dies ist der Stoff, der Lustgefühle wahrnehmen lässt und so erst den eigentlichen Kick gibt – er sorgt gewissermaßen für die sexuelle Würze. Dopamin spornt jedoch nicht nur zu sexuellen Taten an, sondern motiviert ganz generell: Es bringt uns nicht nur ins Bett, sondern auch auf die Beine, um Vorhaben zu realisieren.

Die orgiastischen Hochstimmungen, die Dopamin schenken kann, beinhalten allerdings Gefahren. Denn je weiter man oben ist, desto tiefer kann man fallen und desto mehr schmerzt die Landung. Ebenso wie PEA macht Dopamin süchtig; nicht nur nach dem Objekt der Begierde. Man weiß heute, dass dieser Neurotransmitter an der Entstehung verschiedener Süchte beteiligt ist, beispielsweise an der Medikamenten- und Nikotinabhängigkeit.

Anders als Dopamin, dessen Botschaften ganz eindeutig sind, ist der Neurotransmitter Serotonin im Bezug auf die Lust sehr ambivalent. Denn abhängig von seiner Konzentration im Blut wirkt er sexuell stimulierend oder aber dämpfend: Hohe Mengen zügeln die Lust, niedrige kurbeln sie an. Da bei depressiven Patienten der Gehalt bestimmter Neurotransmitter, darunter auch Serotonin, zu gering ist, beruht das Wirkprinzip vieler Antidepressiva auf einer Steigerung der Neurotransmittermengen. Was die Stimmung hebt, senkt die Begierde: der Grund, weshalb Antidepressiva so häufig Libidoverlust bewirken.

Zeichen setzen und empfangen

Was die Gesetzmäßigkeit, der die erotische Alchemie folgt, noch komplexer macht, sind jene Stoffe, die Botschaften an die Umwelt versenden. Mal anziehende und verführende, mal warnende und abschreckende. Die Rede ist von Pheromonen, »Soziohormone« getauft, die »zur Übermittlung von Botschaften zwischen Individuen einer Population dienen«. Das können Stoffe sein, die das eigene Revier markieren und Eindringlingen Grenzen setzen, oder aber solche, die potenziellen Geschlechtspartnern die Bereitschaft zur Paarung signalisieren.

Beim Menschen sind vor allem sexuell wirksame Pheromone am Werk. Wir wissen heute, dass im Achselschweiß und im Vaginalsekret hochpotente Lockstoffe enthalten sind, die das andere, und je nach Veranlagung auch das eigene Geschlecht, sexuell animieren – ob zu Großtaten oder kurzweiligen Gefühlswallungen. Ebenso bekannt ist die Herkunft der Pheromone. Bei Tieren entstehen sie aus dem körpereigenen Aphrodisiakum DHEA, und man vermutet, dass sich dies beim Menschen nicht anders verhält.

Alles in allem sind die Kenntnisse über Wesen und Funktion sexueller Lockstoffe beim Menschen noch recht gering. Zweifelsfrei erwiesen ist der direkte Zugang, den Gerüche und Duftstoffe zur Gefühlswelt haben – das zeigt nicht zuletzt die anatomische Nachbarschaft der Bereiche im Gehirn, die Geruchsreize empfangen und weiterverarbeiten, und jener, die Emotionen und Sexualität steuern. Über die Macht, die Pheromone auf Gefühle, Erotik und Libido ausüben, werden die Forschungen der kommenden Jahre noch viel Neues bringen. Schon jetzt zeichnet sich ab, dass dies unser bisheriges Wissen über die Chemie von Lust und Liebe in einem völlig anderen Licht erscheinen lassen wird.

Im 5. Kapitel »Der Duft der Begierde« sind Pheromone und die Botschaften, die sie vermitteln, ausführlich dargestellt.

Das Werk der Endorphine

Nach einer erfüllenden sexuellen Begegnung ist man motiviert und voller Energie, Selbstbewusstsein und Leistungsfähigkeit. Die Welt sieht einfach anders aus, ebenso man selbst. Häufige Orgasmen und jugendliches Aussehen gehen Hand in Hand – Eros statt Lifting. Das bestätigt z. B. eine britische Studie, aus der hervorgeht, dass dreimal wöchentlich Sex optisch um beachtliche fünf Jahre jünger macht. Die Hochstimmung, die sich emotional und optisch so positiv bemerkbar macht, ist mit das Werk einer weiteren Truppe der körpereigenen Luststoffe, der Endorphine: vom Organismus gebildete Morphine, die in ihrem chemischen Aufbau und ihren Eigenschaften den Opiaten gleichen. Bei sexueller Erregung sowie vor allem beim Orgasmus werden sie in Unmengen ausgeschüttet und sorgen für Wohlbefinden und Zufriedenheit rundum. Der Endorphinstoß ist jedoch nicht nur das Resultat erotischer Aktivität, sondern die Endorphine selbst steigern Libido und Orgasmusfähigkeit; ebnen sich mithin selbst den Weg zu ihrer vermehrten Ausschüttung. Studien belegen, dass ein Endorphinanstieg die Testosteron- und Östrogenproduktion steigert und infolgedessen die Libido. Fehlt das Stimulans in Gestalt eines sexuell anziehenden Partners und sind erotische Gefühle zur Ausnahmeerscheinung geworden, kann es kraft mangelnder Endorphinausschüttung zur Verringerung der Hormonbildung kommen.

Die gekaufte Lust

Das Bemühen, die biologischen Voraussetzungen für das Liebesspiel zu ergründen, ist nicht frei von wirtschaftlichen Interessen. Denn wenn bekannt ist, welche Stoffe die Leidenschaft ankurbeln, können sich diese als »sexueller Megakick« Gewinn bringend vermarkten lassen.

Die gekaufte Lust ist schon lange keine Zukunftsvision mehr. Die Zahl derer, die sich die Stoffe der Lebenslust von außen zuführen, um sich bis ins hohe Alter einer Potenz und Libido wie in jungen Jahren zu erfreuen, steigt stetig – in den Industrienationen sind es bereits über dreißig Millionen Frauen in der Lebensmitte. Die Hormonpräparate sollen nicht nur der Unbill der Wechseljahre entgegenwirken, sondern auch und vor allem die Libido steigern. Fast jede dritte Frau über fünfzig bedient sich regelmäßig Pillen, Pflaster und Salben, um dem altersbedingten Nachlassen der Hormonproduktion ein Schnippchen zu schlagen. Männer, bislang noch zurückhaltender mit den Luststoffen aus der Retorte, sind bereits am Aufholen.

Zu den wichtigsten Zutaten im Cocktail für mehr Lust und Laune sowie einen vitaleren Körper gehören Östrogen, Testosteron und DHEA. Letzteres wird in den USA bereits seit Jahren als eine Art sexueller Jungbrunnen zur Nahrungsergänzung rezeptfrei gehandelt und erobert sich derzeit gerade die Gunst der Lustlosen hierzulande. Wer ungern Pillen und Pülverchen nimmt, führt sich die Potenz durch die Haut zu – solches verheißt ein seit Herbst 1998 auf dem Markt befindliches Testosteron-Pflaster, das »erektiler Leistungsschwäche« entgegenwirken soll. »Damit Mann Mann bleibt«, so der Slogan der Herstellerfirma.

Sich die Luststimulanzien in Selbstmedikation nach dem Gießkannenprinzip zuzuführen ist allerdings nicht frei von Risiken für Leib und Seele. Schon seit Jahren warnen die Mediziner vor den nicht absehbaren Folgen des unkontrollierten Eingriffs in das hochsensible Hormongefüge, und erste Untersuchungen belegen, dass derartige Bedenken nicht aus der Luft gegriffen sind.

Klimakterium virile

Hormonelle Schwankungen, so die landläufige Meinung bis vor einigen Jahren, betreffen überwiegend Frauen. Ein Irrtum, heute wissen wir, dass auch Männer ihre »Tage« haben – gleich mehrmals im Monat – und dass auch die Wechseljahre nicht nur in den Zuständigkeitsbereich der Weiblichkeit fallen. Auch das starke Geschlecht ereilt zwischen fünfundvierzig und sechzig das Klimakterium. In diesen Jahren werden nicht nur die Haare weniger, sondern auch die Hormone, und zwar ausgerechnet jene, die den Mann zum Mann machen: die Androgene. Zwar bleibt bei Männern die Zeugungsfähigkeit prinzipiell bis ins hohe Alter bestehen und die Symptome der hormonellen Pirouetten sind nicht so deutlich zu spüren wie bei

Frauen. Dennoch gerät die Feinabstimmung der Hormone aus der Balance und mit ihr das körperliche wie seelische Gleichgewicht. Das macht sich bei dem einen mehr, bei dem anderen weniger stark durch Hitzewallungen, Rücken- und Gelenkbeschwerden, Stimmungsschwankungen, depressive Verstimmungen und nachlassende Konzentrationsfähigkeit bemerkbar. Das kommt uns doch bekannt vor...

~

Die Potenz von Vitaminen und Mineralstoffen

Für seinen Cocktail an Botenstoffen benötigt der Organismus bestimmte Zutaten: Vitamine, Mineralstoffe und Spurenelemente, die so genannten Mikronährstoffe. Diese Substanzen sind unerlässlich für die Aufrechterhaltung lebenswichtiger Vorgänge im Körper, darunter auch für die Produktion von Sexualhormonen, Neurotransmittern und anderen körpereigenen Libidostimulanzien.

Ein Mikronährstoff verdient im Hinblick auf die aphrodisierende Wirksamkeit besondere Beachtung: Vitamin E, der Kick für die Libido. Bereits der chemische Name Tocopherol, der sich aus den griechischen Wörtern »tokos«, Nachwuchs, und »pherein«, hervorbringen, zusammensetzt, weist auf sexuelle Wirksamkeit hin. Was Vitamin E zum »Libidovitamin« macht, ist seine stimulierende Wirkung auf die Hirnanhangsdrüse: Es regt diese zur vermehrten Produktion der so genannten Gonadotropine, des Follikel stimulierenden Hormons und des luteinisierenden Hormons, an, worauf Eierstöcke und Hoden mit einer gesteigerten Bildung von Sexualhormonen reagieren. Vitamin E ist besonders reich in Kürbiskernen enthalten, die in der Volksheilkunde schon lange zur Stärkung der männlichen Libido empfohlen werden. Das alte Wissen hat inzwischen wissenschaftliche Bestätigung gefunden. Man hat festgestellt, dass die knackigen Samen neben Vitamin E auch hohe Mengen an Beta-Sitosterol aufweisen. Dieses pflanzliche Steroid bindet sich an den Rezeptor für Testosteron und kann so dessen Produktion erhöhen, was sich durch gesteigerte Manneskraft bemerkbar macht.

Was für das bereits erwähnte Spurenelement Zink gilt, das beispielsweise Qualität und Quantität der männlichen Samenzellen verbessert, gilt auch für Mangan, einen Bestandteil von Enyzmen, mit deren Hilfe der Körper Sauerstoffradikalen entgegenwirkt. Ein Mangel an diesem Radikalfänger setzt Fruchtbarkeit und Libido herab. Auch Jod übernimmt einen wichtigen Part im Kanon der Lustboten. Denn die Schilddrüsenhormone, an deren Bildung Jod maßgeblich beteiligt ist, spielen eine wichtige Rolle für die Produktion der Sexualhormone. Schilddrüsenunterfunktion aufgrund von Jodmangel kann den Östrogen- und Testosteronspiegel herabsetzen und zu Libidoverlust und Erektionsproblemen führen. Ein weiterer Nährstoff für die Libido ist Magnesium, das als »Anti-Stress-Mineral« seinen Beitrag zur Erhaltung der sexuellen Energie leistet. Denn dauerhafte psychische und körperliche Überbelastung hat, wie erwähnt, einen negativen Einfluss auf die Libido. Die vermehrte Zufuhr von Magnesium kann die schädlichen Auswirkungen auf den Organismus minimieren und so einem stressbedingten Libidoverlust vorbeugen.

4. Kapitel:

»Die Blumen alle sind Eros' Werk ...«

~

»Die Blumen alle sind Eros' Werk, diese Pflanzen hier sind seine Gebilde.« Wie in der Dichtung ›Daphnis und Chloe‹ anklingt, ist die Göttin der sinnlichen Liebe und Wollust aufs Engste mit der Pflanzenwelt verbunden. Dies ist unter anderem auch aus den ›Zyprischen Gesängen‹ – vor Zypern ist Aphrodite der Sage nach dem Meer entstiegen – zu entnehmen: »Sie hüllte ihre Blöße in Gewänder, die die Horen und Grazien ihr woben und die sie ins Meer der Frühjahrsblumen tauchten, wie die Horen sie sprießen lassen. Krokusse bringen sie hervor, Glockenblumen und prächtig blühende Veilchen. Rosen mit lieblichen Knospen und dem Duft von Nektar, wie Ambrosia die Blüten der Narzissen, vermischt mit Anemonenkelchen. So trug Aphrodite Kleider aus dem Duft jeder Jahreszeit.« Und auch der Zaubergürtel, den Aphrodite um ihre Lenden trug, enthielt vor allem erotisierende Pflanzen, vielfach solche, die eine psychoaktive Wirkung haben, auffälligen Duft verbreiten oder deren Anblick sexuelle Assoziationen erweckt. Man denke an Ginseng, die »menschengestaltige Arzneiwurzel« der Chinesen.

Spaziergang im Garten der Lüste

Da die sagenhaften Liebesmittel, die der Zaubergürtel der Aphrodite barg, den Irdischen nicht zugänglich waren, blieb ihnen nur die Suche in der Natur nach Stoffen, die die sexuellen Begierden erwecken, die Liebeslust steigern und gewaltige Erektionen verschaffen konnten. Die Elixiere der Libido vor allem im Pflanzenreich zu suchen war nur nahe liegend, denn seit der Frühzeit liefert die florale Welt dem Menschen seine wichtigsten Nahrungsmittel. Schon früh erkannte man auch, dass vielen Pflanzen heilkräftige und bewusstseinsverändernde Kräfte innewohnen. Wie umfangreich diese Kenntnisse waren, bezeugen Werke wie der berühmte ›Papyrus Ebers‹, eine altägyptische Rezeptesammlung, in der über 700 Pflanzen bei den verschiedensten Beschwerden empfohlen sind.

Durch Zufall, Intuition und wiederholte Exempel, die zweifelsohne viele Menschen auch ihr Leben gekostet haben, wurde man nach und nach gewahr, dass Pflanzen, die Schmerzen lindern und heilen sowie Reisen in Traumwelten ermöglichen, auch die Liebeslust stimulieren können.

Nicht nur die stark psychoaktiv wirksamen Pflanzen wie Alraune, Bilsenkraut, Stechapfel und Tollkirsche, sondern auch Vertreter der Familie der Nachtschattengewächse wie Tomate, Paprika und Chilipfeffer hatten sich wiederholt als libidofördernd ausgezeichnet. Auch unter den altbekannten Kulturpflanzen, wie Weinrebe, Schlafmohn, Hanf, Dattelpalme und Teestrauch, erwiesen sich zahlreiche als hervorragende Lieferanten für erotisierende Zutaten zum Liebesspiel.

Nachfolgender Rundgang, der einen zwar nur kleinen, für unsere Breiten jedoch wichtigen Teil des weitläufigen Gartens der Lüste umfasst, soll einen Einblick in den traditionellen Gebrauch pflanzlicher Aphrodisiaka vermitteln und auch Inspiration sein, die Wirkung des einen oder anderen selbst an Körper und Seele nachzuvollziehen. Vorab aber einige wichtige Hinweise:

Unter den vorgestellten Pflanzen finden sich zahlreiche, die psychoaktiv wirksam sind. Jene Vertreter aus dem Pflanzenreich enthalten also Stoffe, die direkt auf Nervensystem und Hormone einwirken und so ihre aphrodisierenden Wirkungen hervorrufen können. Welcher Inhaltsstoff für den stimulierenden Effekt auf die Libido verantwortlich zeichnet, ist – sofern bekannt – jeweils angegeben.

Ebenso wie Pflanzen, die medizinischen Zwecken dienen, sollten auch die Pflanzen der Liebe nur in Apotheken oder dem Kräuterfachhandel gekauft werden. Zum einen ist diese Ware auf ihren Schadstoffgehalt geprüft und zum anderen sind diese Pflanzen geerntet worden, wenn sie ihren höchsten Gehalt an Wirkstoffen hatten – was wiederum eine wichtige Rolle für ihre aphrodisierende Wirkung spielt. Von Bedeutung ist auch das Abfülldatum, denn je länger Pflanzen nach der Ernte lagern, desto wirkungsloser werden sie. Als Faustregel gilt: Pflanzen, die mehr als zwei Jahre Lagerung hinter sich haben, nicht mehr verwenden.

Einige der Pflanzen fallen auch hierzulande unter das Betäubungsmittelgesetz und sind entsprechend nicht käuflich zu erwerben. Ebenso ist es zum Teil schwierig, Vertreter der nicht heimischen Pflanzenwelt, wie etwa die Ayahuasca-Liane, zu erhalten; hierzu sind im Anhang einige Adressen von Kräuterhandlungen genannt, die auch diese Pflanzen im Sortiment haben.

Bei einigen der vorgestellten Pflanzen handelt es sich um Giftpflanzen, deren Inhaltsstoffe gesundheitsschädlich und zum Teil sogar tödlich wirken können. Auch wenn diese Pflanzen, wie beispielsweise die Tollkirsche, in der Hand eines Arztes oder Therapeuten heilsame Eigenschaften entfalten, sollte von deren selbstständigem Gebrauch abgesehen werden; bei den betreffenden Pflanzen ist gesondert darauf hingewiesen.

Der Erotik süßer Saft – Agave

Mejoistli, »die das Herz hat«, wird die Agave von den Azteken genannt. Und das hat sie, in zweifacher Hinsicht. Denn das Herz, welches Agaven in ihren dickfleischigen Blütenschäften bergen, ist ein süßer Saft, der »Herz hat«, indem er eben dieses in Wallung versetzt. Der Agavensaft wird seit undenklichen Zeiten zu einem angenehm berauschenden Getränk mit enthemmender und aphrodisierender Wirkung vergoren, dem Pulque. Dessen erotisierende Potenz wissen so manche Mexikaner durch »Auffrisieren« mit anderen Vertretern der aphrodisierenden Flora wie beispielsweise Stechapfelsamen (siehe dort) noch zu verstärken. Für den Hausgebrauch kann man sich jedoch getrost auf Agavenwein pur beschränken, denn er sorgt auch für sich allein für erotischen Genuss. Er ist im gut sortierten Spirituosenhandel erhältlich und empfiehlt sich likörgläschenweise, zur Einstimmung.

Beliebte, auch hierzulande bekannte Hochprozenter aus Agaven sind der Tequila, hergestellt aus dem Saft der Agave tequilana, sowie der Mezkal, der ebenso aus anderen Agaven-Spezies gewonnen wird. Beide Destillate sind, wie Pulque auch, in ganz Mexiko zur bewährten Förderung der Libido in Gebrauch.

Botanischer Name: Agave americana
Familie: Agavengewächse (Agavaceae)
Die Heimat der Agaven liegt in den subtropischen und ariden tropischen Regionen Mexikos. Mittlerweile trifft man sie auch im Süden der USA sowie im Mittelmeerraum häufig an. Durch tief gelegte Poren schützen Agaven sich vor dem Austrocknen in der heißen Wüstenluft, zudem können sie in ihren fleischigen Blättern enorme Mengen an Wasser speichern. Einmal in ihrem bis zu zwanzig Jahre währenden Leben bilden Agaven einen mehrere Meter hohen Blütenstand aus – danach sterben sie ab.

Aphrodisierende Wirkstoffe haben sich im Agavensaft bislang noch nicht gefunden; möglicherweise geht seine unbestritten vorhandene Stimulation der Libido auf den hohen Gehalt an Mineralien und Vitaminen und sicherlich auch auf den Alkohol zuück.

Die Äpfel der Liebe – Alraune

»Feiere einen schönen Tag! Gib Balsam und Wohlgeruch zusammen an deine Nase, Kränze von Lotus und Liebesäpfeln auf deine Brust, während deine Frau, die in deinem Herzen ist, bei dir sitzt.« (Altägyptisches Liebeslied)

»Liebesapfel«, »Königin aller Zauberkräuter« – um kaum eine andere Pflanze ranken sich so viele Legenden wie um die Alraune. Der Volksmund hat sie mit zahllosen Namen belegt, beispielsweise »Hoden des Dämon«, »Dollwurz«, »Drachenpuppe«, »Menschenkraut«, »Menschengestaltige«, »Halbmenschenpflanze« oder »Meister des Lebensatems«, um nur einige wenige zu nennen. Besonders das Aussehen der Alraunenwurzeln zog die Menschen in den Bann. Da man in ihnen ob ihrer Gestalt ein menschenähnliches Geistwesen vermutete, galt das Ausgraben der Wurzeln als gefährlich und sollte stets nur mit gewissen »Sicherheitsvorkehrungen« einhergehen. So empfahl Theophrastos von Eresos, Begründer der wissenschaftlichen Botanik (um 373 – 288 v. Chr.): »Man soll, so wird gesagt, drei Kreise mit dem Schwert um die Alraune ziehen und sie, mit dem Gesicht nach Westen gewandt, schneiden. Und beim Schneiden des zweiten Stückes soll man um die Pflanze herumtanzen und so viel wie möglich über die Mysterien der Liebe sprechen.« Andere Quellen raten an, sich bei der Alraunenernte eines Hundes – möglichst schwarz – zu bedienen, um sich nicht selbst an der Alraune zu »vergehen«: dem vierbeinigen Erntehelfer band man eine Schnur um den Hals und das andere Ende um die Wurzel. Dann lockte man den Hund mit etwas Fleisch von der Alraunenpflanze weg, der dabei die Wurzel aus der Erde zog.

Seit der Antike als Rauschmittel und Ritualpflanze mit Schwarzer Magie und Hexenkult verwoben, bediente man sich der Kräfte der Alraune auch und vor allem für mächtige Liebeszauber, denn sie galt als aufs Engste mit der Liebesgöttin verbunden. So trägt Aphrodite auch den Beinamen Mandragoritis, in Anlehnung an die lateinische Bezeichnung der Alraune. Über deren erotisierende Effekte steht auch in der Heiligen Schrift mancherlei zu lesen. So wird im Hohelied Salomon von einer Schönheit namens Sulamit berichtet, welche ihren Geliebten dazu einlädt, mit ihr an einen Ort zu gehen, an dem die Früchte der Alraunen ihren Duft verströmen – auf dass dieser ihr einen besonders feurigen Liebhaber beschere.

Die Wurzeln der Alraune, in Wein eingelegt und als »Cocktail« verabreicht, wurden bereits unter den alten Ägyptern als Garant für erotische Hochgenüsse gehandelt. Die safranfarbenen Früchte wurden zerkleinert und mit Bier vermengt getrunken, bevor man sich den sexuellen Freuden hingab: Alraunenfrüchte wie -wurzeln zeitigen euphorische Lustgefühle, die oftmals halluzinativen bis hypnotischen Anstrich haben. Auch Alraunenwurzeln als Talisman um den Hals getragen oder als Zutat zu den berühmt-berüchtigten Hexensalben und -trunken (siehe 5. Kapitel) waren beliebt, um in den Genuss der aphrodisierenden Wirkungen zu gelangen. Hexensalben sind dieser Tage zwar keine gängigen Mittel mehr, um die Gunst des oder der Auserkorenen zu gewinnen, doch bis heute werden in Nordafrika und im Orient Früchte und Wurzeln der Alraune als probate Stimulanzien für die Libido gehandelt.

Einen Teil ihres Geheimnisses hat die Wissenschaft der Alraune entlockt, indem sie deren stark erotisierende, berauschende und narkotisierende Eigenschaften auf psychedelisch wirksame Tropanalkaloide – Hyoscyamin, Atropin, Scopolamin, Solandrin und Mandragorin – in den Wurzeln und Früchten zurückführen konnte.

Das nimmt dieser Pflanze jedoch nicht ihren auch unheilvollen Zauber: Überdosierungen können zu Delirium und auch Atemlähmung führen, die tödlich enden kann. So findet die Alraune hier nur aufgrund ihrer immensen Bedeutung als Aphrodisiakum Erwähnung, nicht jedoch, um zu Selbstversuchen zu inspirieren. Von diesen ist angesichts der möglichen, überaus gefährlichen Nebenwirkungen in jedem Fall abzusehen.

Botanischer Name: Mandragora officinarum
Familie: Nachtschattengewächse (Solanaceae)
Die Alraune ist im östlichen Mittelmeerraum, aber auch in Nordafrika, Kleinasien und im Vorderen Orient bis zum Himalaya beheimatet. Sie gedeiht bevorzugt an sonnigen und trockenen, felsigen Stellen. Die Wurzel der stängellosen Alraune kann bis zu einem Meter lang werden und oftmals bizarre, menschenähnliche Formen annehmen. Aus den blauvioletten Blüten reifen goldgelbe Früchte

heran, zugleich verwelken die Blätter. Die Wurzel jedoch hat noch Leben in sich und treibt im nächsten Jahr wieder neue Blätter aus.

Stimulierende »Seelenranke« – Ayahuasca-Liane

Im gesamten Amazonasgebiet wie auch in Peru, Kolumbien und Mittelamerika werden seit vielen Jahrhunderten die berauschenden und aphrodisierenden »Kaapi«-Trunke gebraut. Dazu werden die in Stücke geschnittenen frischen Stängel der Ayahuasca-Liane in Wasser gekocht und wie Tee getrunken.

Ayahuasca gehört bis heute zum mit wichtigsten Rüstzeug der Schamanen vieler Amazonas-Stämme, das ihnen zur Hellseherei behilflich sein soll. Denn die Liane, so der tradierte Glaube, befreit den Geist aus dem Körper – dies besagen auch Volksnamen wie Seelenranke und Seelenliane.

Doch nicht nur die magischen Heiler schätzen die Ayahuasca-Liane. In ihrem Verbreitungsgebiet wird sie zur Entspannung und mehr noch zur erotischen Stimulierung quer durch alle Schichten eingenommen: Die durch sie hervorgerufenen Rauschzustände beflügeln, Erfahrungsberichten zufolge, zu sexuellen Geniestreichen ...

Wo die Liane nicht heimisch ist, etwa in den USA, werden Kaapi-Trunke zu horrenden Preisen angeboten. Bis zu 800 Dollar lassen sich manche eine Lustreise in den Dschungel Amazoniens kosten.

Die Ayahuasca-Liane ist inzwischen auch hierzulande erhältlich (siehe Anhang).

Botanischer Name: Banisteriopsis caapi
Familie: Malpighiengewächse (Malpighiaceae)
Die riesenhafte Ayahuasca-Liane mit ihren langen, stark verzweigten Ästen ist im Amazonasgebiet beheimatet; sie gedeiht nur im feucht-warmen Klima der Tropen. Verwendung finden die frischen oder getrockneten Stängel, die getrockneten Blätter und die frische oder getrocknete Rinde des Stammes.

In der gesamten Pflanze sind Alkaloide enthalten, hauptsächlich Harmin, Harmalin und Tetrahydroharman. Diese Stoffe wirken als starke MAO-Hemmer: Sie hemmen das MAO-Enzym, einen Biokatalysator, den der Körper zum Abbau giftiger Substanzen benötigt. Dadurch kann es in Verbindung mit bestimmten Nahrungsmitteln zu gefährlichen Komplikationen kommen, weshalb nach dem Genuss von Ayahuasca auf reife Käse (enthalten das giftige Thyrosin), Alkoholika, Koffeinhaltiges, aber auch auf Medikamente wie Amphetamine oder Tranquilizer verzichtet werden sollte.

Der Wahnsinn der Begierde – Bilsenkraut

Zweifelsohne die wichtigste Zauberpflanze der Antike. Von zahllosen Orakeln als »Pflanze der Götter« zur Weissagung eingenommen und aufgrund seiner Wirkungen als Erzeuger von »mania«, Wahnsinn, ist das Bilsenkraut geschätzt und gefürchtet. So steht in der ›Naturalis historia‹ des Historikers und Naturforschers Plinius (24 – 79 n. Chr.) zu lesen: »Alle Sorten (von Hyoscyamus) wirken verstörend auf den Kopf und rauben den Menschen den Verstand: (…) Bilsenkraut ist wie Wein und beeinträchtigt deshalb Verständnis und Denken (…)« Und später, in einer europäischen Medizinschrift aus dem 10. Jahrhundert, wird Bilsenkraut als wirksam »gegen das Volk der Elfen und nächtliche Besucher, und für Frauen, mit denen der Teufel fleischlichen Verkehr hat« empfohlen. Auch im Fernen Osten wusste man um die magischen Kräfte des Bilsenkrautes. Seine Samen, so schreibt der chinesische Arzt Li Shi-chen in seiner 25 Bände umfassenden heilkundlichen Enzyklopädie, seien dienlich zur Verständigung mit Dämonen und anderen Geistern.

Bilsenkraut diente jedoch bei weitem nicht nur spiritistischen, sondern auch und vor allem der Steigerung fleischlicher Gelüste; von Ägypten bis zur Südküste Indiens und nach Norden hin bis in unsere Breiten.

Beliebt wie bewährt war Bilsenkraut vor allem, um junge Mädchen ihre Keuschheit vergessen zu lassen. Das Tollkraut, wie Bilsenkraut unter anderem vom Volksmund getauft wurde, diente bereits dem Volk der Pharaonen als potentes Liebesmittel, das sexuelle Hemmungen überwindet und auch den Prüdesten ihre Schamhaftigkeit nimmt. Im alten Äygpten schätzte man Bilsenkrautblätter und -samen in Wein eingelegt. Um einen solchen Rebensaft mag es sich auch bei dem berühmten Wein der Kleopatra gehandelt haben, mit dem sie ihrer sexuellen Anziehung auf die Herren Julius Cäsar und Marcus Antonius ein wenig nachgeholfen hat. Wie heute bekannt, war die altägyptische Monarchin nicht so atemberaubend schön, wie zeitgenössische Geschichtsschreiber sie rühmten ...

Eine andere, seit der Antike weit verbreitete Art der Anwendung von Bilsenkraut ist das Rauchen der getrockneten Blätter. Von den raubeinigen alten Germanen ist uns überliefert, dass sie Bilsenkrautsamen benutzten, um Bier und Met in ihrer aphrodisierenden Kraft zu verstärken. Ein Gebräu, das ob seiner Rauschwirkung unsere heutigen Starkbiere lahm erscheinen lassen würde. Bis weit ins Mittelalter hinein diente gemahlener Bilsenkrautsamen als »Bierschärfe«, welche den Gerstensaft »schärfer«, mithin berauschender machen sollte. Übrigens geht der Name der tschechischen Stadt Pilsen und damit letztlich auch die Bezeichnung der Biersorte Pils auf die Bilsengärten zurück, in denen die Pflanze von den Brauereien angebaut wurde.

Im sexuell gesehen gar nicht finsteren Mittelalter wurden Bilsenkrautsamen in den Badehäusern auf heißen Pfannen geröstet, um die erotischen Bedürfnisse der Besucher zu fördern – was angesichts der damals ohnehin großen Freizügigkeit nicht weiter schwer gewesen sein dürfte. Das Nachtschattengewächs fehlte auch in den damals gern gebrauchten Hexensalben nicht, zu deren Ingredienzien auch die Verwandten des Bilsenkrauts, Stechapfel, Alraune und Tollkirsche, gehörten.

Den halluzinogenen Effekt hat Bilsenkraut Tropanalkaloiden, allen voran Hyoscyamin und Scopolamin, zu verdanken. Ebenso enthält es Atropin, jenen Stoff, der auch die Tollkirsche berauschend macht. Bilsenkraut wirkt zudem einschläfernd, dämpft die Erregbarkeit des zentralen Nervensystems und kann außer Wahrnehmungsveränderungen auch Schweißausbrüche, Erbrechen, Schwindel sowie anderes physisches Unbehagen bewirken.

Entsprechend ist Bilsenkraut mit größter Vorsicht zu genießen: Überdosierungen können zu schweren Komplikationen mit Krämpfen, zu Atemlähmung und damit bis zum Tod führen. Vom Eigengebrauch ist deshalb abzuraten.

Gefahrlosen Bilsenkrautgenuss verschaffen Massagen (siehe 5. Kapitel) mit dem Öl. Für eine Massage »rundum« benötigt man vier bis sechs Esslöffel des Bilsenkrautöls, je nach gewünschter Intensität und Dauer. Einige Tropfen aphrodisierender ätherischer Öle wie Ylang-Ylang oder Sandelholzöl sorgen für zusätzlich betörend-stimulierenden Duft.

Während das unter Naturschutz stehende Bilsenkraut verschreibungspflichtig ist, lässt sich Bilsenkrautöl rezeptfrei in Apotheken erstehen.

Botanischer Name: Hyoscyamus niger
Familie: Nachtschattengewächse (Solanaceae)

Unter den rund 15 verschiedenen Bilsenkrautarten ist Hyoscyamus niger aufgrund seiner Jahrtausende währenden Anwendung als Liebes- und Rauschmittel die bemerkenswerteste. Das Nachtschattengewächs gedeiht in ganz Europa auf Schutt- und Ödland und erreicht eine Höhe von bis zu achtzig Zentimetern. Von Juni bis September lugen zwischen den schmutzig grünen Blättern die dunkel geäderten blassgelben Blüten des Bilsenkrautes hervor – aufgrund ihrer unheimlichen Optik im Volksmund »Teufelsaugen« genannt. Die ganze Pflanze verströmt einen nicht gerade angenehmen, betäubenden Geruch. Verwendung finden die Blätter, das Kraut ohne die Wurzeln und die Samen. Das Bilsenkrautöl wird durch Kochen der Blätter in Öl gewonnen.

»Dabei holte sie einen ledernen Phallus hervor. Den rieb sie mit Öl, fein gestoßenem Pfeffer und gemahlenem Brennnesselsamen ab und führte ihn darauf langsam in meinen After ein. Gleichzeitig begoss die grausame Alte meine Oberschenkel mit derselben Flüssigkeit. Fernerhin mischte sie Kressesamen mit Stabwurz und goss dies über meine Geschlechtsteile; dann ergriff sie eine Rute aus grünen Brennnesseln und begann meine ganze untere Bauchpartie damit zu schlagen.«

Solcherart wurde mit dem römischen Satiriker Petronius verfahren, als er sich zu einer Priesterin begab, welche ihn von seiner Impotenz kurieren sollte, was er selbst in seinem Roman ›Satyricon‹ festgehalten hat. Wie erfolgreich diese Therapie war, berichtet uns Petronius nicht. Doch sicherlich blieb sie nicht ohne Wirkung – vielleicht schweigt der Romanautor aus diesem Grund? –, denn Brennnesseln waren in der Antike, vor allem im alten Rom, eine äußerst beliebte, weil wirkungsvolle Zutat für unvergessliche Liebesabenteuer. Denn das Nesselgift, welches die Brennnessel in ihren Brennhaaren birgt, reizt Haut wie Geschlechtstrieb gleichermaßen stark. Wird der nackte Körper des oder der Auserkorenen, bevorzugt an dessen erogenen Regionen, mit Büscheln frischer Brennnesseln gepeitscht, stellen sich alsbald prickelnd-orgiastische Gefühle ein. Die alten Römer veranstalteten regelrechte Brennnesselorgien, in denen sich die Gäste gegenseitig an Brüsten, Po, Schenkeln und Geschlechtsteilen krebsrot und in nicht mehr zu zügelnde Lust peitschten.

Das Ganze bewährt sich auch beim paarungsunwilligen Hausvieh: »Wenn ein Vierfüßler es nicht zur Zeugung kommen lässt, rät man, das Geschlechtsteil mit einer Nessel einzureiben«, notierte Plinius (24 – 79 n. Chr.) in seiner ›Naturalis historia‹. Eine Methode, die schon so manchem Hengst auf die Stute und manchem Stier auf die Kuh geholfen hat und die viele Bauern und Veterinärmediziner bis heute anwenden.

Die wollüstige Folter, Flagellation genannt, empfiehlt sich unbedingt einmal als Variante für das Vorspiel. Zumal es sich, was Beschaffung und Anwendung angeht, beim Brennnesselpeitschen sicherlich um einen der unkompliziertesten Liebeszauber handelt ...

Botanischer Name: Urtica dioica
Familie: Urticaceae (Brennnesselgewächse)
Wer kennt sie nicht und hat nicht bereits die recht unliebsame Bekanntschaft mit ihr gemacht – häufig auf Schutt- und Brachflächen, an Wegrändern und in Gärten, denn da wuchert die Brennnessel besonders gern und üppig, bis zu eineinhalb Meter hoch. Ihre gezackten Blätter sind reichlich mit Brennhaaren versehen, die ein stark reizendes Nesselgift enthalten, das bei Berührung aus einer kleinen Kapsel oben am Brennhaar austritt und das bekannte Brennen auf der Haut erzeugt.

»Die dem Mann das Hemd runterreißt« – Damiana

Der deutsche Wortlaut des indianischen Namens für »Damiana« lässt schon erahnen, dass es sich hier um ein wirksames Lustmittel handeln muss. Erfahrungsberichten zufolge erweckt es in der Tat das dringende Bedürfnis, sich seines Gewandes zu entledigen und umgehend dem Liebesspiel hinzugeben – wie sein Name schon sagt ...

In einer Untersuchung mehrerer Pflanzen mit aphrodisierender Wirkung hat sich Damiana als am wirksamsten erwiesen. Nicht umsonst wird sie im gesamten lateinamerikanischen Raum und seit kurzem auch hierzulande sehr geschätzt, um die Libido auf Touren zu bringen. Auf welche Inhaltsstoffe die Wirkungen der erotischen »Stimmungskanone« allerdings zurückzuführen sind, ist noch Gegenstand von Forschungen.

Damiana, von einem spanischen Missionar im 17. Jahrhundert nach dem Schutzheiligen der Apotheker, Damian, benannt, entfaltet ihre aphrodisierende Potenz am besten als alkoholischer Auszug: Liebeslustige in Mexiko und anderswo auf dem südamerikanischen

Kontinent schwören auf den Damiana-Likör. Dieser wird häufig in Flaschen in Frauengestalt angeboten, um den erotisch stimulierenden Effekt des Inhalts hervorzuheben.

Der beflügelnde Geist lässt sich auch selbst zubereiten: 2 Vanilleschoten der Länge nach aufschneiden, mit 20 g getrocknetem Damiana-Kraut und 4 Zimtstangen in eine Flasche geben und mit 0,7 l weißem Rum oder Tequila aufgießen. Drei Wochen an einem warmen Ort ausziehen lassen. Dann ist der Damiana-Likör einsatzbereit und empfiehlt sich rund eine Stunde vor dem erotischen Stelldichein. Dosis: ein Schnapsgläschen voll. Wer es lieber alkoholfrei möchte, macht sich einen Damiana-Tee. Dazu übergießt man 3 TL des Krautes, 2 TL Pfefferminzblätter und 1 TL Orangenblüten mit 1/4 l kochendem Wasser, lässt alles 4 bis 5 Minuten ziehen und süßt mit Honig. Abseihen und in kleinen Schlucken trinken.

Alternativ bieten sich Fertigpräparate an, beispielsweise Kapseln mit getrocknetem Damiana-Kraut oder Damiana-Tee, die auch hierzulande in internationalen Apotheken erhältlich sind. Damiana gibt es auch als Homöopathikum, unter anderem in homöopathischen Kombinationsmitteln, etwa »Damiana Pentarkan«, das dazu Ginseng und Muira puama enthält.

Botanischer Name: Turnera diffusa
Familie: Safranmalvengewächse (Turneraceae)
Damiana ist im gesamten mittel- und südamerikanischen Raum heimisch, findet sich inzwischen jedoch auch in Asien und auf den Inseln des Indischen Ozeans. Das rund einen halben Meter hoch wachsende Kraut benötigt trocken-heißes Klima. Von Juli bis September öffnen sich zwischen den gezackten Blättern hübsche gelbe Blüten. Verwendung findet das getrocknete Kraut als Tee, alkoholisch extrahiert oder geraucht.

Die aphrodisierende Wirkung des Märchenpilzes, die viele Kulturen seit undenklichen Zeiten nutzen, geht überwiegend auf die Bewusstseinsveränderungen zurück, die sein Genuss hervorruft. Wiewohl sicherlich auch sein phallisches Äußeres einiges zu seinem Ruf, ein gutes Liebesmittel zu sein, beigetragen hat.

Das Rabenbrot, wie der Fliegenpilz auch genannt wird, da man mit seiner Hilfe wie ein Rabe durch die Lüfte fliegen kann, ist ein natürliches Halluzinogen, das seit Jahrhunderten zu magischen und schamanischen Zwecken eingenommen wird. Schamanen, vor allem jene in Asiens hohem Norden, verspeisen die getrockneten Pilze, um in einen Trancezustand zu verfallen. So vermochten sie mit Toten und Geistern Kontakt aufzunehmen, der Ober- und Unterwelt Besuche abzustatten, Träume zu deuten und wahrzusagen.

In engem Zusammenhang mit den genannten Fertigkeiten, zu denen der Fliegenpilz befähigen sollte, steht sein Gebrauch als probates Vehikel für die Reise zu sexuellen Traumwelten. Hierfür gibt es eine ganze Reihe von Möglichkeiten: Man nimmt den Fliegenpilz entweder gekocht oder roh, legt ihn in Milch oder Fruchtsaft ein und trinkt die Flüssigkeit, oder man dünstet einige Stücke in Butter. Überliefert ist auch der Brauch, Wein mit Fliegenpilzstücken zu versetzen – so wurde er zu den erotischen Bacchanalien zu Ehren des Gottes Dionysos genossen, was ekstatische Orgien zur Folge gehabt haben muss. Weit verbreitet war es früher auch, nach dem Verzehr von Fliegenpilz den eigenen Urin oder den eines Menschen zu trinken, der diesen gegessen hat. Denn der Fliegenpilz ist auch noch im Urin wirksam – er ist das einzige Halluzinogen, bei dem dies der Fall ist.

Was die nötige Dosis anbelangt, gehen die Angaben von nur einigen Stückchen bis hin zu zehn und mehr ganzen Pilzen. Genauere Angaben sind nicht möglich, denn jeder Mensch reagiert anders auf die wirksamen Inhaltsstoffe. Bei diesen handelt es sich um Muskarin, Muskaridin sowie Ibotensäure, aus der durch eine chemische Reaktion im Körper das Muscimol, der eigentlich psychoaktive Wirkstoff des Fliegenpilzes, entsteht. Seine Effekte ähneln jenen von LSD.

Auch wenn ihn Fachleute als wenig gefährlich bezeichnen, ist von der Anwendung des Fliegenpilzes dennoch abzuraten.

Botanischer Name: Amanita muscaria
Familie: Wulstlinge (Amanitaceae)
Wer wüsste nicht, wie er aussieht, der Märchenpilz mit seinem weiß gefleckten, roten Hut. Man findet ihn bei uns im Spätsommer und Frühherbst in lichten Wäldern; am häufigsten unter Birken und Kiefern, denn mit ihnen steht der Pilz in symbiotischer Lebensgemeinschaft. Außer in der allseits bekannten Optik gibt es den Fliegenpilz in Nordamerika auch mit orangefarbenem und gelb geflecktem Hut. Verwendung findet der Hut des Fliegenpilzes, der so genannte Fruchtkörper.

Blatt für Blatt Manneskraft – Fo-Ti-Tieng

Eines der bekanntesten und berühmtesten Kräuter Asiens ist Fo-Ti-Tieng, wo es seit Jahrhunderten als das Liebesmittel schlechthin und als Tonikum für Langlebigkeit und Vitalität gilt. Die Blätter von Fo-Ti-Tieng werden in den asiatischen Medizintraditionen zur Stärkung der sexuellen Kraft empfohlen – vor allem lendenlahmen Männern. Der tägliche Genuss der getrockneten Blätter, jeweils einen Teelöffel in einer Tasse heißem Wasser aufgeschwemmt, soll dem besten Stück wieder aufhelfen und auch generell wieder mehr Feuer ins Liebesleben bringen.

Fertigpräparate aus getrockneten Blättern von Fo-Ti-Tieng sind mittlerweile auch hierzulande erhältlich (siehe Anhang).

Botanischer Name: Hydrocotyle asiatica minor
Familie: Doldengewächse (Umbelliferae)
Das mehrjährige Kraut ist im gesamten Fernen Osten heimisch

und gedeiht bevorzugt an schattigen, feuchten Stellen. Fo-Ti-Tieng besitzt fleischige, runde Blätter und unscheinbar kleine, beige Blüten.

»Himmelsmedizin« für die Liebeskraft – Ginseng

»Die Stärke des Hengstes, des Maultieres, des Bockes, des Widders und mehr noch des Bullen verleihet Ginseng. Dieses Kraut machet dich derart voller wollüstiger Stärke, dass du, wenn du erreget bist, eine Hitze verströmest wie ein brennend Ding.(...)« (Aus dem »Atharva-Ved«, einer der Schriftsammlungen des Ayurveda)

Das berühmteste wie auch gesuchteste Aphrodisiakum Asiens und eines der ältesten Heilmittel der Medizingeschichte ist Ginseng. Seine Wurzel, so steht in der ältesten ›Materia medica‹ der traditionellen chinesischen Medizin, dem »Shen Nung Pen T´sao Ching« zu lesen, »stärkt die fünf vollen Organe (Herz, Milz, Lunge, Niere, Leber), beruhigt die Lebensgeister, harmonisiert die Seele, beseitigt Ängste, vertreibt die bösen Kräfte, lässt die Augen erstrahlen, öffnet das Gemüt, klärt unsere Gedanken und, so er lange Zeit genommen wird, kräftigt er den ganzen Körper und verlängert so das Leben«.

Die Ginsengwurzel, ihrer äußeren Form wegen oftmals »Menschenwurzel« genannt, galt als »Medizin des Himmels«, welche nach Auffassung der chinesischen Medizin Yin und Yang im Gleichgewicht und den Organismus langfristig gesund hält. Zahllose chinesische Greise schrieben zu früheren Zeiten die Tatsache, dass sie ihre jungen Nebenfrauen noch immer vollauf zufrieden stellen konnten, einzig und allein dem Kauen von Ginsengwurzeln zu. Dazu jedoch, dessen war man sich schon vor Jahrtausenden bewusst, muss Ginseng regelmäßig eingenommen werden – nicht erst, wenn sich erste Anzeichen von Libidoverlust bemerkbar machen. Empfohlen wird eine vierzigtägige Kur mit Ginsengextrakt, den es in Apotheken überall zu kaufen gibt, oder mit getrockneten Ginsengwurzeln.

Auch in benachbarten Ländern, in Japan, Siam und ganz besonders auf dem indischen Subkontinent, waren die Wurzeln ihrer potenzsteigernden Wirkungen wegen hoch geschätzt – die oben zitierten Zeilen aus einer alten ayurvedischen Schrift zeigen, welcher Ruhm der Ginsengwurzel vorauseilte. Entsprechend teuer wurde sie bereits im Altertum gehandelt. Als besonders wertvoll gelten bis in unsere Tage hinein jene Exemplare, die einem Mann mit erigiertem Penis ähneln.

Im Abendland stand man der Medizin des Himmels aus dem Fernen Osten über Jahrhunderte hinweg eher skeptisch gegenüber. Zum einen erinnerte sie in ihrem Aussehen zu sehr an die verteufelte Alraune, zum anderen stieß sie in ihrer Funktion als Liebesmittel auf Ablehnung seitens des Klerus. Erst in der Mitte unseres Jahrhunderts wurde der Ginseng hierzulande rehabilitiert und erhielt seinen Segen – nicht von der Kirche, sondern von der Wissenschaft. Diese bestätigte, was in Asien schon lange bekannt war: Die Wurzeln des Ginseng enthalten einen Wirkstoffcocktail, der allgemein stärkend und anregend sowie auch sexuell stimulierend wirkt. Ginseng kräftigt und erfrischt den gesamten Organismus, macht ausgeglichener sowie belastbarer und hilft zugleich Manneskraft und Liebeslust auf die Spünge. Effekte, die überwiegend auf die Hauptwirkstoffe des Ginseng, die Ginsenoside, sowie auf die reichlich enthaltenen Vitamine, Mineralien und Spurenelemente zurückgeführt werden.

Bei fertigen Ginsengpräparaten, die heute bei uns in großer Auswahl angeboten werden, ist auf die Konzentration an Wurzelextrakt zu achten. Viele Mittel enthalten oft nur sehr wenig Pflanzenextrakt und sind mithin wie ein Placebo zu werten. Sicherer ist es, sich Ginsengwurzeln aus der Apotheke zu besorgen und selbst zu verarbeiten. Für einen Ginsengwein gibt man 100 g fein gehackte Ginsengwurzeln zusammen mit 6 Esslöffeln gutem Bienenhonig in 1 Liter hochprozentigen Alkohol. An einen dunklen Platz stellen, 6 Wochen ziehen lassen und täglich nach dem Abendessen 30 Milliliter davon trinken. Zu einem Ginsengtee benötigt man 2 Teelöffel pulverisierte Wurzel, die man mit 1 Tasse heißem Wasser überbrüht; nach rund 10 Minuten abseihen und in kleinen Schlucken trinken.

Botanischer Name: Panax ginseng
Familie: Araliengewächse (Araliaceae)
Die Heimat des Ginseng liegt in den Urwäldern Nordkoreas, der Mandschurei sowie in den pazifischen Küstenregionen Fernostasiens. Die Kultivierung der Pflanze ist recht schwierig und zeitraubend und gelingt nur auf bestimmten Böden – mit ein Grund, warum Ginseng auf dem Weltmarkt utopische Preise erzielt und Zubereitungen aus seinen Wurzeln entsprechend teuer sind.

Die Wurzeln ausgewachsener Ginsengpflanzen erreichen eine Länge von bis zu 12 Zentimetern und etwa Daumendicke. Überirdisch treibt Ginseng einen langen Stängel aus, an dem große, handförmig geteilte Blätter sprießen. Sobald die Ginsengpflanze »erwachsen«, also sechs bis acht Jahre alt ist, wird die Wurzel ausgegraben und an der Luft getrocknet.

Erotische Power aus dem Regenwald – Guarana

In ihrer Heimat am Amazonas werden die Samen der Guarana-Liane »Früchte der Jugend« genannt. Sie besitzen einen Koffeingehalt von bis zu fünf Prozent; der höchste Wert, der natürlicherweise in Pflanzen vorkommt. Entsprechend entfalten Guarana-Samen enorm belebende Wirkungen, die den gesamten Organismus erfrischen und stimulieren: Die Wirkung von Guarana ist dreimal stärker als die von Kaffee und bis zu achtmal stärker als jene von Maté-Tee. Die langsame und über viele Stunden anhaltende Stimulation geht vermutlich auf komplexe Bindungen des Koffeins an Gerbstoffe zurück. Dadurch benötigt es mehr Zeit, sich zu lösen und seine Wirkungen zu entfalten.

Viele Völker des Amazonasbeckens kannten schon vor undenklichen Zeiten die Wirkung von Guarana und nutzten sie unter anderem, um sich unterwegs auf Jagdzügen zu stärken. Dazu stellt man bis heute Brote aus Guarana-Samen her: Die Samen werden geröstet, gemahlen, das Mehl mit etwas Wasser vermengt und aus der Masse Stangen geformt, die man in der Sonne trocknen lässt.

Die stimulierenden Eigenschaften der Guarana-Samen machen auch vor der Libido nicht Halt: Sie wirken, wie viele Menschen aus eigener Erfahrung zu bestätigen wissen, stark aphrodisierend.

Und so erfreuen sich die Früchte der Jugend, bis vor einigen Jahren noch ein Insidertipp, nicht nur aufgrund ihres wach machenden Effekts hierzulande stetig wachsender Beliebtheit. Der Siegeszug, mit dem sie derzeit Europa erobern, liegt auch darin begründet, dass Guarana-Samen als erotisches Stimulans für viele eine geschätzte Zutat zum Liebesspiel geworden sind.

Außer Vitalität und sexuelle Energie zu steigern unterstützt Guarana auch das Bemühen, die schlanke Linie zu erhalten beziehungsweise wieder herzustellen. Denn der hohe Anteil an Ballaststoffen vertreibt Hungergefühle, und die anregende Wirkung hilft über Energieeinbrüche im Zuge einer kalorienreduzierten Ernährung hinweg. Zudem regt Guarana die Verdauung an und befreit den Körper von Stoffwechselschlacken.

Die Dosierung von Guarana ist kaum allgemein gültig anzugeben – jeder benötigt unterschiedliche Mengen, um die aphrodisierenden Wirkungen zu spüren. Hier muss man einfach ausprobieren. Vermeiden sollte man allerdings bei der Einnahme von Guarana, kurz danach oder davor Kaffee oder schwarzen Tee zu trinken. Aufgrund der »doppelt gemoppelten« Stimulation kann es zu Herzrasen und Übelkeit kommen.

Die erotischen Muntermacher vom Amazonas gibt es heute überall in Apotheken, Drogerien und Reformhäusern zu kaufen – außer als Pulver auch in Form von Dragées, Kaugummis, Brausetabletten und anderen Zubereitungen aus dem Extrakt der Guarana-Samen.

Botanischer Name: Paullinia cupana
Familie: Seifenbaumgewächse (Sapindaceae)

Den bis zu zwölf Meter lang werdenden Kletterstrauch trifft man im gesamten Amazonasgebiet Brasiliens und Venezuelas an. Angesichts der großen Nachfrage auch in Nordamerika und Europa wird Guarana heute auch dort in großem Stil angebaut. Verwendung finden die orangeroten Samen des Guarana-Strauches.

Das »heilige Kraut der Ekstase« – Hanf

»Die Götter haben den Hanf den Menschen aus Mitgefühl gegeben, so dass sie die Erleuchtung erlangen können, die Furcht verlieren und sexuelle Begierde behalten.« (Raja Valabha, Sanskrittext aus dem 17. Jahrhundert)

Seit mindestens sechstausend Jahren bedient sich der Mensch der Hanfpflanze: Von der langen Geschichte der Hanfnutzung zeugen beispielsweise Grabfunde von Hanfsamen bei Eisenberg in Thüringen, datiert auf 5500 v. Chr., sowie Hanfstoffreste, die man in den Keltengräbern von Hochdorf (500 v. Chr.) entdeckt hat. Zahllose weitere historische Belege des Hanfgebrauchs sind der Nachwelt von den Mongolen, Skythen, Thrakern und Römern überliefert. Dem griechischen Historiker Herodot zufolge schätzten die Skythen vor allem Dampfbäder mit Hanf, für die sie die Samen oder ganze Zweige auf heiße Steine legten.

Die Hanfpflanze diente nicht nur als Lieferant für Fasern und Öl sowie als umfassend wirksames Heilmittel, sondern auch zur Steigerung des Wohlbefindens und der Libido. Denn die mit älteste Kulturpflanze der Menschheit liefert zugleich auch deren bedeutsamste Rauschmittel und wirksamste Aphrodisiaka: Haschisch, das Harz der weiblichen Blüten, und Marihuana, die Blütenstände selbst.

Beide werden seit Jahrtausenden zur Steigerung von Liebeskraft und erotischer Sensitivität genossen – quer durch die Epochen und

Kulturen, bei weitem nicht nur in den asiatischen, war Hanf das Liebesmittel schlechthin. Unter den Vajikarana, den Aphrodisiaka des Ayurveda (siehe 7. Kapitel), finden sich zahllose Zubereitungen mit Haschisch und Marihuana.

Einer altindischen Legende zufolge hat der Hindu-Gott Shiva den Sterblichen die Hanfpflanze geschenkt, auf dass sie sich am »Nektar der Verzückung« laben können. Entdeckt hat die aphrodisierenden Kräfte des Hanf allerdings Shivas Gattin, Parvati. Sie litt sehr darunter, dass sich ihr Mann so gut wie nie in ihrer gemeinsamen Wohnstatt auf dem Dach der Welt, dem Himalaya, blicken ließ, sondern die meiste Zeit mit Berggöttinnen und Nymphen in den Bergen verbrachte. Schließlich wurde Parvati dieses aushäusige Engagement zu viel und sie suchte nach etwas, womit sie ihren Mann wieder für ihre Reize – die der indischen Mythologie zufolge ganz enorm gewesen sein müssen – gewinnen konnte. Parvati fand das passende Mittel in Gestalt einer Hanfpflanze, deren harzige Blüten sie nach Hause nahm und ihrem umtriebigen Gatten beim nächsten seiner, seltenen, Besuche zu rauchen gab. Das Haschischpfeifchen tat seine Wirkung, und zwar nachhaltig: Shiva entbrannte in neuer, bislang ungekannter Begierde zu ihr, die beiden gaben sich in seliger Verzückung ihrer Lust hin, und Shiva blieb fortan zu Hause bei seiner Parvati.

Damit auch irdische Paare diese erotische Ekstase erleben und so in Zufriedenheit miteinander leben und lieben können, beschloss Shiva, die Hanfpflanze an die Menschen weiterzugeben – so wurde sie, versehen mit göttlichem Segen von höchster Stelle, zum besten Liebesmittel der Welt. Nicht von ungefähr ist Hanf für viele Kulturen der »göttliche Freudenspender«, worauf auch einige seiner traditionellen Volksnamen hindeuten.

Was Hanf zum »Sorgen brechenden Nektar der Verzückung« macht und Haschisch Wunder der Verwandlung bewirken lässt, sind die Cannabinoide. Die aphrodisischen Kräfte gehen vor allem auf den quantitativ und qualitativ bedeutendsten psychoaktiven Wirkstoff des Hanfs, das Delta-9-Tetrahydrocannabinol, kurz THC, zurück. Cannabinoide sind organische Verbindungen, die lipophil, mithin in

Fett löslich, sind. Darum sollten Getränke und Nahrungsmittel mit Hanfprodukten fetthaltig sein, denn dadurch wurden die Cannabinoide besser im Körper aufgenommen.

Im Zuge der seit rund zwanzig Jahren sehr regen Erforschung des Hanfs stellte sich etwas für die aphrodisierende Wirkung dieser Pflanze sehr Interessantes heraus: Der Cannabis-Stoff THC besitzt einen ganz ähnlichen chemischen Aufbau wie der Neurotransmitter Anandamid, ein Botenstoff, der natürlicherweise im menschlichen Körper vorkommt. Ähnlich wie die Endorphine bewirkt auch das Anandamid euphorische Glücksgefühle. Daher die Bezeichnung für diesen Botenstoff: »Ananda« ist ein Begriff aus dem Sanskrit, der altindischen Hochsprache, und bedeutet »Glückseligkeit«. Über die Ähnlichkeit des THC mit dem Anandamid ließen sich, so die derzeitige These der Wissenschaft, die »Freuden spendenden« Wirkungen des Hanfs erklären. Diese setzen beim Rauchen von Cannabis nach durchschnittlich fünfzehn bis vierzig Minuten ein und halten zwei bis sechs Stunden an. Wer Cannabis isst, spürt die Effekte etwas später, nach rund dreißig Minuten bis zu zwei Stunden, dafür aber umso länger; im Schnitt bis zu acht Stunden.

Als psychoaktiv wirksame, erotisierende Dosis werden 4 bis 8 Milligramm THC angegeben, doch schwankt dieser Wert von Mensch zu Mensch ganz beträchtlich – alte Hasen unter den Cannabis-Freunden benötigen wesentlich höhere Dosierungen als Neulinge auf diesem Gebiet. Entsprechend dosisabhängig stellt sich nach dem Genuss von Cannabis eine angenehme Entspannung, Ausgelassenheit bis hin zur Euphorie sowie natürlich eine stark erotisch geprägte Stimmung ein; meist auch ein gesteigerter Appetit. Die Fantasie wird angeregt, und die sinnliche Wahrnehmung intensiviert sich. Die Erlebnisfähigkeit wird aber nicht künstlich erweitert, sondern Cannabis fördert lediglich Empfindungen, die bereits vorhanden sind.

Die verbreitetste Art, in den Genuss der selig machenden Ekstase zu kommen, ist das Rauchen der getrockneten weiblichen Blüten. Aber auch in Tees, Gebäck und anderen Speisen entfaltet der »Freudenspender« seine Lust bringenden Wirkungen.

Wie lange der Gebrauch von Hanf zurückreicht, zeigte sich 1991, als Wissenschaftler des Instituts für Anthropologie und Humangenetik der Universität München peruanische und ägyptische Mumien auf Rausch erzeugende Wirkstoffe untersuchten. Die »Drogenfahndung« war erfolgreich: Bei 62 peruanischen Mumien, datiert auf 200 bis 1500 n. Chr., sowie neun ägyptischen Mumien aus der Zeit von 1100 v. Chr. bis 400 n. Chr. ließen sich in Gewebeproben aus Haaren, Weichteilen und Knochen das THC sowie auch Kokain und Nikotin nachweisen. Diese Ergebnisse bestätigten nicht nur die lange Tradition des Cannabisgebrauchs, sondern enträtselten auch ein bis dato ungeklärtes Phänomen – jenes des »therapeutischen Einsatzes« altägyptischer Mumien. Bereits im Mittelalter wurden Mumien an Apotheker verkauft, welche diese zu Pulver zermahlten und als »Mumia vera« zu teils horrenden Preisen als universales Heilmittel sowie als Aphrodisiakum verkauften. Heute ist klar, warum das Mumienpulver bis in unser Jahrhundert hinein so begehrt war: In ihm befanden sich zweifelsohne nach wie vor THC und Kokain in so hohen Konzentrationen, dass es ein wirksames Liebesmittel darstellte.

Während Hanf im asiatischen Raum bis heute kaum an Bedeutung als Aphrodisiakum sowie als Medizin gegen zahllose Beschwerden verloren hat, hat ihn die westliche Welt kraft Betäubungsmittelgesetz als »nicht verkehrsfähig« deklariert und seine Anwendung verboten. Diese gesellschaftliche Ausgrenzung des Hanfs, nebenbei bemerkt von verschiedenen Seiten als weitaus harmloser als Alkohol und Nikotin bewertet (vgl. u.), geschieht nicht aus Unkenntnis der vielfältigen positiven Wirkungen von Cannabis. Sie verfolgt vielmehr ausschließlich gesellschaftspolitische Ziele und ökonomische Interessen. Wissenschaftlich ist nie begründet worden, weshalb Hanf den Stempel der Illegalität aufgedrückt bekam – was angesichts seines in zahlreichen Studien belegten hohen therapeutischen Nutzens auch nicht möglich ist.

~

Zur ewigen Diskussion ...

Cannabis-Produkte gehören laut WHO-Definition nicht zu den Sucht bildenden Drogen. Dies deckt sich auch mit den Ergebnissen einer Expertise, die 1997 vom Bundesministerium für Gesundheit in Auftrag gegeben wurde. In dieser steht unter anderem zu lesen: »Bezüglich des Abhängigkeitspotenzials fassen wir zusammen: Der Konsum von Cannabis führt keineswegs zwangsläufig zu einer psychischen Abhängigkeit; es kann jedoch zu einer Abhängigkeitsentwicklung kommen. Eine solche Abhängigkeit kann jedoch nicht primär aus den pharmakologischen Wirkungen, sondern vielmehr aus vorab bestehenden psychischen Stimmungen und Problemen erklärt werden. Die Abhängigkeit von Cannabis sollte als Symptom solcher Probleme gesehen werden. (...) Die These einer möglichen ›Schrittmacherfunktion‹ von Cannabis für den Einstieg in den Konsum von illegalen Drogen beziehungsweise den Umstieg auf härtere Substanzen muss nach Analyse der vorliegenden Studien zurückgewiesen werden.(...) Die Annahme, Cannabis sei die typische Einstiegsdroge für den Gebrauch harter Drogen wie Heroin, ist also nach dem heutigen wissenschaftlichen Erkenntnisstand nicht haltbar (...).«.

~

Botanischer Name: Cannabis sativa, Cannabis indica
Familie: Hanfgewächse (Cannabaceae)
   Die ursprüngliche Heimat des Hanfs sind der Mittlere Osten und Zentralasien; heute wächst er weltweit in allen gemäßigten und warmen Klimaregionen. Hanf ist ein ein- bis zweijähriges Kraut mit kräf-

tiger Pfahlwurzel, das bis zu acht Metern hoch werden kann. Da Hanf-
pflanzen zweihäusig sind, also entweder nur männliche oder nur weibliche Blüten tragen, müssen sie ihre Vermehrung dem Wind überlassen. Dieser trägt die Samen von der männlichen, dem Femelhanf, zur
weiblichen Pflanze, der so genannten Hanfhenne. Im Harz der Blütenstände sind die Cannabinoide enthalten, die Wirkstoffe des Hanfs.

Bezüglich verschiedener Arten von Cannabis scheiden sich unter den
Botanikern die Geister: Die einen gehen von einer einzigen Art, Cannabis sativa, aus, die sich in mehrere Sorten untergliedert. Die anderen unterscheiden drei Arten: den Indischen Hanf, Cannabis indica, den Ru-
deralhanf, Cannabis ruderalis, und den Nutzhanf, Cannabis sativa, der
in unseren Breiten heimisch ist oder besser gesagt sein könnte ...

»Bitteres Getränk« für süße Lust – Kava-Kava

Kava-Kava, auch Rauschpfeffer genannt, ist die bedeutendste Ritualpflanze Ozeaniens. Auf den Inseln im Südpazifik braut man aus ihren
Wurzelstöcken ein Getränk namens Kava, was ins Deutsche übersetzt
»bitteres Getränk« bedeutet. Dieses wird zur zeremoniellen Be-
grüßung von Gästen getrunken, sowie um Einigkeit zwischen den
Dorfbewohnern herbeizuführen, wenn im Zusammenhang mit der
Gemeinschaft strittige Entscheidungen gefällt werden müssen.

Beide, Zeremonie wie auch der Kava-Trank selbst, zielen darauf ab,
freundschaftliche Empfindungen zu verstärken und so die Gefahr
aufkommender Feindseligkeiten zu dämmen: Kava gilt überall im
polynesischen Kulturkreis als Symbol der Freundschaft. Der aus den
Rauschpfefferwurzeln bereitete Trank fördert allerdings nicht nur
das Zusammengehörigkeitsgefühl innerhalb der Dorfgemeinschaft,
sondern auch zwischen Mann und Frau. Die stimulierende und dabei
zugleich entspannende, leicht berauschende Wirkung von Kava-Kava
dient auch zur Einstimmung auf sexuelle Begegnungen sowie zur
Steigerung von Liebeslust und Standvermögen ... Der Gebrauch der
Wurzeln als Aphrodisiakum ist entsprechend auf den Inseln Ozeani-

ens weit verbreitet. Vielleicht mit ein Grund, weshalb sich das in der Tat recht bittere Kava-Getränk auch bei Touristen zunehmender Beliebtheit erfreut. Auf Fidschi und anderen Inseln im Südpazifik eröffnen mehr und mehr Kava-Bars, die den Libido stimulierenden Trunk anbieten.

Pulverisierte Kava-Kava-Wurzeln sind in Apotheken, gut sortierten Reformhäusern und bei den im Anhang genannten Adressen erhältlich; Fertigpräparate mit Kava-Extrakten gibt es in Apotheken.

Botanischer Name: Piper methysticum
Familie: Pfeffergewächse (Piperaceae)
Der buschige, immergrüne Kava-Strauch, der nur kultiviert vorkommt, erreicht eine Höhe bis zu drei Metern und trägt hellgrüne Blätter, deren Form an ein Herz erinnert. Aus den männlichen Blüten – weibliche sind nicht bekannt – entwickeln sich purpurfarbene Beeren. Die Wurzeln, aus denen der Kava-Trank bereitet wird, sind gewaltig – bis zu zehn Kilo kann ein Kava-Kava-Wurzelstock wiegen.

Delikates Geschenk der Götter – Koka

»Die Ingua benützten Coca als ein delikates und königliches Ding, das sie in ihren Opfern am meisten darbrachten, indem sie es zu Ehren ihrer Götter verbrannten.« (José de Acosta, ›The Natural and Moral History of the West Indies‹, 1570)

Den alten indianischen Kulturen galt er als Geschenk der Götter und entsprechend als heilig – der Kokastrauch, dessen Blätter im mittel- und südamerikanischen Raum zu kultischen Ritualen wie zu Heilzwecken über die Jahrhunderte hinweg bis heute eine herausragende Rolle spielen. Die Kokablätter dienen der Vertreibung von Hunger und Müdigkeit, zur Leistungssteigerung und Schmerzlinderung sowie zur Anregung der sexuellen Lust: Mamacoca, deren Blätter der peruanischen Liebesgöttin geweiht sind, ist ein hochwirksames Aphrodisiakum. Sollten Blätter speziell für diesen Zweck geerntet werden, galt früher der Rat, dass der Sammler zuvor mit einer Frau geschlafen haben sollte, damit Mamacoca ihm wohl gesonnen war. In ihrem Namen rieb man dann einen Sud von Koka-Blättern oder kokahaltigen Speichel auf den Penis. Eine Maßnahme, welche die erotischen Genüsse zum einen enorm steigert, zum anderen verlängert und die auch ohne anschließende Erntetätigkeiten unbedingt empfehlenswert ist ...

Die bis heute übliche und bekanntere Art der Anwendung von Kokablättern ist, sie zu trocknen und dann gemeinsam mit gelöschtem Kalk zu kauen. Der Kalk löst als alkalische Substanz die Kokawirkstoffe aus den Blättern, so dass diese über die Mundschleimhaut in den Körper aufgenommen werden können.

Mitte des letzten Jahrhunderts entstand eine weitere Variante, um in den Genuss der aphrodisierenden Wirkungen von Mamacoca zu gelangen: der Mariani-Wein, kreiert von einem italienischen Arzt namens Angelo Mariani. Der gute Mann versetzte besten Bordeaux-Wein mit einem Extrakt aus Kokablättern und ging mit seinem »Vin Mariani« in die Geschichte ein. Bis 1913 wurde der »bekokste« Rebensaft in ganz Europa, wohl bemerkt gegen Rezept, vertrieben und fand – besonders in den höheren Gesellschaftsschichten – reißenden Absatz: Unter den passionierten Mariani-Trinkern fanden sich zahlreiche Persönlichkeiten sowohl des weltlichen wie auch des geistlichen Lebens. So beispielsweise Papst Leo XIII., der Signore Mariani als Dank für seine Kreation sogar einen goldenen Orden verlieh, und Jules Verne, der von den Wirkungen überaus angetan war. »Da eine einzige Flasche von Marianis außergewöhnlichem Wein ein hundertjähriges Leben garantiert, muss ich bis zum Jahr 2700 leben«, schrieb er an einen Freund. Auguste Rodin sandte Dankesworte, überschrieben mit: »Für Mariani, der das Koka verbreitet.« Nicht uneitel, sammelte Mariani all diese Dankschreiben und füllte damit über 13 Buchbände.

Der Hauptwirkstoff der Kokablätter ist das Kokain, ein Alkaloid, das erotisch stimulierende, euphorisierende Wirkungen hat. Der wach machende Effekt von Kokain geht darauf zurück, dass es vom

Körper in Ekgonin umgewandelt wird, einen Stoff, der den Blutzuckerspiegel enorm in die Höhe treibt.

Kokablätter sind nicht gleichzusetzen mit Kokain, auch wenn dieses Alkaloid ein Inhaltsstoff der Pflanze ist. Letzteres wird aus den Blättern durch chemische Weiterverarbeitung gewonnen und ist stark psychoaktiv wirksam. Die traditionelle Verwendung der Kokablätter ist fester Bestandteil der mittel- und südamerikanischen Kulturen und hat, mit Bedacht und Respekt eingesetzt, im Gegensatz zum reinen Kokain keine schädlichen Wirkungen. Denn zum einen ist der Gehalt an Kokain in den Blättern selbst wesentlich geringer als in den Extrakten, zum anderen entfalten sich die psychoaktiven Eigenschaften durch die orale Aufnahme nur langsam und ohne Nebenwirkungen.

In ganz Europa und den USA fallen Kokablätter angesichts ihres Gehalts an Kokain unter das Betäubungsmittelgesetz – Anwendung wie auch Handel sind demzufolge verboten. Allerdings ist in Apotheken ein aphrodisierendes Präparat mit Koka-Extrakten und Muira-Puama (siehe dort) unter dem Namen Panstabil frei erhältlich. Außer zur Steigerung der Liebeslust dient es auch der körperlichen wie geistigen Leistungsfähigkeit.

Botanischer Name: Erythroxylum coca
Familie: Rotholzgewächse (Erythroxylaceae)

Von dem immergrünen, rund einen Meter hohen Strauch mit weißlich gelben Blüten sind mehr als zweihundert verschiedene Arten bekannt. Er wurde schon in präkolumbianischer Zeit gezüchtet und ist seither untrennbar mit den Kulturen Mittel- und Südamerikas verbunden. Außer in seiner Heimat wird der Kokastrauch heute auch in Indien, Java und Afrika kultiviert; Verwendung finden ausschließlich seine Blätter. Vor ihrem Gebrauch müssen die Kokablätter getrocknet werden, sonst entfalten sie ihre gewünschte Wirkung nicht. Allerdings darf die Trocknungstemperatur vierzig Grad nicht überschreiten, um den Kokaingehalt nicht zu schmälern.

Bereits vor mehr als 60 000 Jahren wurde Meerträubel von den Neandertalern zu rituellen Zwecken verwendet – vielleicht auch für erotische, denn die sexuell enorm stimulierende Wirkung des Meerträubels war vielen Kulturen seit Urzeiten bekannt. Belegt ist der Gebrauch von Ephedra-Gewächsen im Reich der Mitte als Heil- und Nahrungsmittel sowie als Aphrodisiakum seit über 5000 Jahren.

Ephedrin heißt jener Stoff, der dem Meerträubel seine aphrodisierende Wirkung verleiht. Denn Ephedrin, das auch als Arznei gegen niedrigen Blutdruck und Kreislaufschwäche bekannt ist, regt das zentrale Nervensystem und damit die Libido an.

Die bis heute in allen Kulturen übliche Anwendung von Meerträubel ist in Form von Tee: Dazu überbrüht man einen gehäuften Teelöffel Meerträubelkraut mit 1/4 Liter kochendem Wasser, lässt dies 10 Minuten ziehen und trinkt den abgeseihten Tee in kleinen Schlucken vor dem Liebesspiel – am besten mit etwas Honig, der ebenfalls ein exzellentes Mittel aus Aphrodites Zaubergürtel ist.

Botanischer Name: Ephedra sinensis
Familie: Ephedragewächse (Ephedraceae)
Die ursprünglich in China beheimateten Ephedra erinnern in ihrem Aussehen an Schachtelhalme: rund vierzig Zentimeter hohe Sträucher, mit blattlosen, rutenartigen Zweigen. Meerträubel bevorzugt heiße, trockene Regionen; Verwendung finden die jungen Äste, die im Herbst geerntet werden, da zu diesem Zeitpunkt der Gehalt der Wirkstoffe, vor allem des Ephedrins, am höchsten ist.

Die »Pflanze des Glücks« – Mohn

»Nah beim cimmerischen Lande liegt eine tiefe Grotte (...) des trägen Schlafes Haus und Gemach. (...) Vor den Pforten der Grotte blühen üppige Mohnblumen und unzählige Kräuter, aus deren milchigem Saft die Nacht, die feuchte, sich den Schlummer holt und damit dann die finsteren Lande besprengt (...).« (Ovid, ›Metamorphosen‹)

Als »Pflanze des Glücks« erwähnt eine sumerische Keilinschrift vor über 5000 Jahren erstmals den Mohn. Erstaunlich treffend, denn außer Schmerzen zu betäuben, in süße Träume zu wiegen und das Gemüt zu besänftigen, entführt der milchige Saft des Mohns auch in Sphären allerhöchster erotischer Genüsse. Der »Saft vom Kraut des Vergessens«, wie der Dichter Ovid ihn umschrieb, hat zahllosen Menschen Qualen erträglich gemacht, tiefen Schlaf gebracht sowie auch und vor allem unerhörte sexuelle Freuden geschenkt.

Beim Mohnsaft, aus dem das Opium gewonnen wird, soll es sich Theokrit zufolge um Tränen der Aphrodite handeln, welche diese über den Verlust ihres Geliebten Adonis vergoss. Was dem Kummer der Göttin der sinnlichen Liebe entsprossen ist, wird seit Jahrtausenden zur Steigerung und Anregung der Libido eingesetzt. Opium ist neben Hanf das wichtigste Aphrodisiakum und hat als solches einen festen Platz in vielen Kulturen, allen voran in asiatischen Ländern: Als im Abendland die Renaissance aufzog, feierte man Opium in Peking als das beste Liebesmittel überhaupt und sprach diesem, den Chronisten zufolge, auch kräftig zu. Für so manche Ethnologen gründet das außerordentliche Bevölkerungswachstum im Reich der Mitte auf dem seit Generationen währenden regen Gebrauch des Mohnsaftes...

Doch dieser war schon weit früher, zu Zeiten der Pharaonen im Land am Nil, in Gebrauch, zu medizinischen wie auch amourösen Zwecken: Im Papyrus Ebers, der bedeutendsten Heilschrift des alten Ägyptens, finden sich zahllose Rezepturen auf Opiumbasis als Betäubungs- und Beruhigungsmittel sowie als Aphrodisiakum.

In diesen lang vergangenen Tagen wurde Opium meist geraucht und geschnupft, zum Teil auch mit Gewürzen vermengt gegessen. Später kreierte man die legendären »orientalischen Fröhlichkeitspillen«, deren Hauptingredienz Opium ist. An dieser Stelle seien auch die Mozartkugeln, Pralinen mit schwergewichtiger Füllung und beliebtes Mitbringsel aus Salzburg, erwähnt. Deren Inneres barg zu Zeiten des Komponisten, nach dem sie benannt sind, neben Marzipan, Nougat und Pistazien auch Opium und Haschisch in sich. Die Rezeptur für das erotisch berauschende Naschwerk gelangte mit den Sarazenen an die Salzach, weshalb Mozart seine Damen zum lustvollen Stelldichein mit den Worten »wollen wir heut´ ein bisserl sarazenieren…« gebeten haben soll. Heute enthalten die Kugeln keine der sarazenischen Zutaten mehr – allerdings entfalten auch Süßigkeiten und, wie bereits erwähnt, ganz besonders Kakao in flüssiger und fester Form ihre aphrodisierenden Wirkungen (dazu mehr im 6. Kapitel »Zu Gast bei Eros«).

Mohn liefert jedoch nicht nur das mit bedeutendste Instrument zur Förderung der Liebeslust, sondern auch eine der wichtigsten Arzneipflanzen der Medizingeschichte. Für den Ärztevater Hippokrates (460 – 370 v. Chr.) war Mohnsaft die wichtigste Arznei; er verordnete ihn zur Schlafförderung, zur Betäubung wie auch als Mittel für »mehr Begierde zum Beischlaf«. Avicenna, der bedeutendste Mediziner des Mittelalters, führte Opium schließlich in die islamische Medizin ein. Theophrastus Bombastus von Hohenheim, bekannt als Paracelsus (1493 – 1541), pries Opium als »wirksamstes Mittel« und taufte es »Laudanum«, lobenswert. Unter dieser Bezeichnung schuf er eine Mixtur, die basierend auf spanischem Wein neben Opium auch Gewürznelken, Safran und Zimt enthält. Paracelsus' Arznei wurde bis in dieses Jahrhundert hinein als universelle Medizin sowie auch zur Anregung der »fleischlichen Gelüste« angewendet. Auch der Dichterfürst Goethe, erotischen Freuden äußerst aufgeschlossen, sprach häufig und gern dem Opium zu, für ihn »der Inbegriff der holden Schlummersäfte«. Er wird den Mohnsaft allerdings nicht nur zum holden Schlummern gebraucht haben…

Bis in die zwanziger Jahre unseres Jahrhunderts erfreute sich das Opiumrauchen weltweit enormer Popularität – die Passion für den »Saft des Vergessens« war derart groß, dass sich die Regierungsoberhäupter zu einem strikten Verbot des Opiumgenusses genötigt sahen.

Dieses besteht bis heute: Opium wie Morphin unterliegen weltweit dem Betäubungsmittelgesetz und können nur mit Spezialrezepten verordnet werden. Auch der Anbau ist verboten.

Die Wiege des Opiumgebrauchs stand übrigens nicht, wie lange angenommen, in Südostasien, sondern fand sich in unseren Breiten: im Mitteleuropa der Steinzeit. Archäologische Funde belegen, dass Mohn bereits vor 30 000 Jahren von den Neandertalern genutzt wurde. So reicht die Chronik des Opiums, dem »göttlichen Kaiser unter den Heil- und Liebesmitteln«, also viele Jahrtausende zurück.

~

Wie man den Teufel mit dem Beelzebub austreibt...

Im Jahre 1804 isolierte der deutsche Apotheker Sertürner den Inhaltsstoff Morphin und nannte ihn nach Morpheus, dem Gott der Träume, Morphium. Ein schicksalhaftes Datum für die Medizin, mit dem sich allerdings auch die Geschicke des Opiums wendeten. Denn mit der Isolierung des Morphins begann die unheilvolle Karriere des Mohnsaftes, im Zuge derer er als Ausgangssubstanz für eine der gefährlichsten Drogen enden sollte: Verändert man den chemischen Aufbau von Morphium, indem man ihm Wasserstoffatome entzieht und diese durch Acetylgruppen ersetzt, entsteht Heroin. Der synthetische Abkömmling des Morphins sollte ursprünglich als Gegenmittel gegen die Opiumsucht dienen. Ein folgenschwerer Trugschluss, wie sich schnell herausstellte. Denn Heroin erwies sich – da wesentlich wirksamer als Morphin – auch als entsprechend stärker süchtig machend. Die Ketten jener Abhängigkeit, die es sprengen sollte, wurden also durch andere und wesentlich stabilere ersetzt. Wer morphinsüchtig war, wurde nun abhängig von Heroin; die Menschheit war von einem Übel befreit, wurde dafür jedoch von einem weitaus größeren heimgesucht: einer Droge, die unzählige Opfer gefordert hat und weiter fordert.

~

Die vielfach als »paradiesischer Zustand, vollkommene Losgelöstheit und Glückseligkeit« beschriebene Wirkung des Opiums beruht auf dem Zusammenspiel seiner drei Hauptwirkstoffe, den Alkaloiden Morphin, Papaverin und Codein. Morphin allein ist jedoch der Stoff, der den Mohnsaft zu einem so geschätzten Liebesmittel macht: Es »erhöht die geschlechtliche Erregbarkeit in hohem Maße«, wie ein Sexualwissenschaftler es formulierte. Bei dem Mohnstoff handelt es sich um einen Neurotransmitter, der bei höheren Wirbeltieren und auch beim Menschen natürlich vorkommt – er ist sowohl in der menschlichen Muttermilch wie zum Beispiel auch in der Kuhmilch enthalten. Morphin agiert als körpereigenes Schmerzmittel und besitzt eigene Rezeptoren, an die es andockt und so Schmerzempfindungen reguliert.

Nachwirkungen, die nach dem Genuss von Opium auftreten können, sind Übelkeit, Verstopfung und Erbrechen. Das Suchtpotenzial von Opium ist bei weitem nicht so groß, wie es oft dargestellt wird. Weitaus gefährlicher, da stärker Sucht erzeugend, sind die isolierten Inhaltsstoffe Morphin und das daraus hergestellte Heroin: »Morphin verhält sich zu Opium wie Alkohol zu Wein«, so formulierte es ein französischer Mediziner einmal pointiert.

Botanischer Name: Papaver somniferum
Familie: Mohngewächse (Papaveraceae)
Der Mohn kommt nach heutigem Kenntnisstand nicht wild vor, seit alters her wurde er seines Milchsaftes und seiner Samen wegen gezüchtet, deren Öl ein wertvolles Nahrungsmittel ist. Aus dem Milchsaft wird das Opium gewonnen. Hierzu ritzt man die Haut der grünen Mohnkapseln mit einem mehrklingigen Messer an. Der milchige Saft gerinnt sofort zu einer braunen Masse, dem Rohopium, und wird mit einem Schaber abgekratzt. Zu Kugeln gerollt lässt man es in der Sonne trocknen, um seinen Wassergehalt auf rund zehn Prozent zu verringern. Rohopium kommt allerdings sehr selten in den Handel; dieser konzentriert sich auf die isolierten und weiterverarbeiteten Alkaloide, die im Opium enthalten sind.

Holz und Rinde des Muira-Puama-Baumes sind seit Jahrhunderten bei den Indianervölkern im Amazonasgebiet in Gebrauch, allen voran wegen ihrer Potenz und Lust steigernden Wirkung. Heute ist Muira-Puama auch weltweit als »Potenzholz« zur Stimulation des Lustempfindens bekannt; am wirksamsten sollen alkoholische Auszüge der Rinde und des Holzes sein. Außer zur Stimulation des Lustempfindens und gegen sexuelle Traumata werden geraspeltes Holz und Innenrinde traditionell auch bei Unfruchtbarkeit angewendet.

Muira-Puama macht wach und aufgeschlossen und erhöht die erotische Sensitivität bei Frau und Mann. Die Wirkung des »Lustholzes« soll neuen wissenschaftlichen Untersuchungen zufolge stärker sein als jene von Yohimbé, ebenfalls ein geschätztes Aphrodisiakum, das schon früher den Weg in unsere Breiten gefunden hat (siehe dort). Auf welche Stoffe die aphrodisierenden Effekte von Muira-Puama zurückzuführen sind, ist allerdings nicht bekannt.

Muira-Puama gibt es als Pulver sowie als alkoholische Auszüge und als Tee. Fertigpräparate mit Muira-Puama finden sich in großer Auswahl in Drogerien und Sex-Shops; beispielsweise das Potenz fördernde »Elixier d'Egypte«.

Ein Liebestrunk aus dem Potenzholz lässt sich auch selbst herstellen: 4 bis 6 Esslöffel Muira-Puama-Pulver, 2 bis 3 Stück Sternanis, einige Körner Galgantwurzel und einige Zimtstücke mit 0,7 Liter angewärmtem Wodka oder Rum übergießen, abkühlen und fest verschlossen 4 bis 5 Tage ziehen lassen. Dann durch ein Sieb abgießen, nach Geschmack mit Honig oder braunem Zucker süßen und vor dem Rendezvous einige Schlückchen davon trinken.

Botanischer Name: Liriosma ovata
Familie: Ölbaumgewächse (Oleaceae)
Die Heimat des strauchartigen Muira-Puama-Baumes liegt im Amazonas- und Orinoko-Gebiet. Er besitzt eine roséfarbene Rinde, an der er leicht zu erkennen ist.

Seit der Antike dient der Muskatellersalbei als Gewürz, Arznei sowie als wirksamer Liebeszauber – hierzu wurden seine Blätter in Wein eingelegt. Ein solcherart verfeinerter Rebensaft sollte, so die Chronisten des Altertums, zum Beischlaf reizen und die körperlichen Gelüste fördern. Gut möglich, dass diese erotisierende Kraft hinter dem hierzulande lange währenden Brauch stand, Weine mit Muskatellersalbei zu verfälschen: Man mischte ihn Weinen minderer Qualität bei, um diese mittels des typischen Muskatelleraromas zu »echten« Muskatellerweinen, die aus der gleichnamigen Muskatellertraube gekeltert werden, aufzupeppen.

Heutzutage kommt der Muskatellersalbei weniger im Wein, sondern vielmehr als ätherisches Öl zum Einsatz: in der Aromatherapie wird das aus den Blättern destillierte, süßlich-herb und leicht nussartig duftende Öl zur Stimulation der Libido angewendet (siehe 5. Kapitel).

Botanischer Name: Salvia sclarea
Familie: Lippenblütler (Labiateae)
Die ursprüngliche Heimat des Muskatellersalbeis liegt auf der griechischen Insel Kreta. Heute trifft man ihn wild wachsend im gesamten mediterranen Raum an; kultiviert findet man ihn, ebenso wie seinen engen Verwandten, den echten Salbei, auch in unseren Breiten als Zierstrauch in Gärten. Der Duft der hübschen, violetten und für diese Pflanzenfamilie typisch lippenförmigen Blüten erinnert an das Bouquet von Muskatellerwein. Die Blätter sind wie beim echten Salbei lanzettartig geformt und filzig behaart.

Die Wurzeln des kultischen Gebrauchs der Peyoteknollen, auch bekannt als Meskal-Buttons, reichen bis in präaztekische Zeiten zurück. Bereits damals war der »göttliche« Kaktus, da er »Wunder schauen lässt«, im Einsatz für schamanisch-magische Praktiken und als kraftvoller Liebeszauber. Denn in kleinen Mengen genossen, entfaltet Peyote stark aphrodisierende Wirkungen. Ein weiterer Grund, weshalb die Indianervölker Mittelamerikas dem Kaktus eine so große Verehrung entgegenbrachten: als die Konquistadoren Mexiko unterworfen hatten, gelang es ihnen trotz strengster Verbote nicht, die Peyote-Rituale zu unterdrücken.

Die Wertschätzung für die meskalinhaltigen Knollen ist bis heute ungebrochen, und die Zeremonien, im Zuge derer sie verspeist werden, sind noch immer fester Bestandteil vieler indianischer Kulturen. Der unscheinbare Kaktus hilft, eine andere geistige Ebene zu erreichen und die reale Welt zu verlassen, um mittels Visionen Wissen über Vergangenes und Zukünftiges und über Ursachen von Krankheiten zu erhalten. Peyote wird bei den Indianern immer im Zusammenhang mit einer rituellen Zeremonie, die Geist und Seele auf die »Reise« vorbereitet, gebraucht. Außerdem ist die Teilnahme an den Peyote-Ritualen auf ältere Menschen beschränkt, denn erst mit dem Erreichen des zweiundfünfzigsten Lebensjahres, so sagen Medizinmänner und Medizinfrauen, besitze man die nötige geistige Reife, um Peyote für sein spirituelles Wachstum zu nutzen.

Abgesehen von den halluzinogenen und aphrodisierenden Effekten schätzen die Indianer den Peyote als eine Art Allheilmittel. In Mexiko ist dieses so populär, dass sich der Ausdruck »empeyotizarse«, »sich selbst mit Peyote behandeln«, für Selbstmedikation eingebürgert hat.

Das Hauptalkaloid, dem der Kaktus seinen Volksnamen »Meskal button« und seine Wirkungen verdankt, ist das Meskalin: Je nach Dosis entfaltet es heilende, libidostimulierende oder aber psychedelische Effekte. Letztere äußern sich in Euphorie, intensiven Farb-

und Formhalluzinationen und einer paranormalen Wahrnehmung der Realität.

Bei uns gehört Peyote, da er Meskalin enthält, zu den »nicht verkehrsfähigen Betäubungsmitteln«. Peyote-Samen für botanisch Ambitionierte sind jedoch frei erhältlich (siehe Anhang).

Botanischer Name: Lophophora williamsii
Familie: Kaktusgewächse (Cactaceae)
Die angestammte Heimat des Peyote-Kaktus sind die nördlichen Wüstengebiete Mexikos, die so genannten »Peyote-Gärten«. Heute reicht seine Verbreitung von Zentralmexiko über das Tal des Rio Grande bis nach Texas. Oberhalb der fleischigen Wurzeln wächst eine stachellose, hühnereigroße Knolle, die das Meskalin enthält. In getrocknetem Zustand sind Peyoteknollen nahezu unbegrenzt haltbar; oftmals werden sie für einige Zeit in Wasser eingeweicht und anschließend wird der berauschende Auszug getrunken.

Verleiht die Potenz eines Pferdes – Schlafbeere

Im Ayurveda ist dieses Nachtschattengewächs bekannt unter dem Namen Ashwagandha, was übersetzt so viel wie »Potenz eines Pferdes« bedeutet. In Indien kommt der Schlafbeere angesichts ihrer stark erotisierenden Effekte wie auch ihrer umfassenden Wirksamkeit bei vielen Beschwerden die gleiche Wertschätzung zu wie dem Ginseng in der chinesischen Medizin. Aus den Wurzeln der Schlafbeere braut man in Indien starke Liebestränke, die sexuell enthemmend wirken und zudem die Abwehrkräfte und damit die Gesundheit allgemein stärken. Darüber hinaus besitzt die Schlafbeere einen einschläfernden Effekt – nicht von ungefähr kommt ihr Name. Mit zu den zahlreichen Indikationen gehören neben der Libidostimulierung auch depressive Verstimmungen, Angstzustände und Konzentrationsschwäche.

Präparate mit Schlafbeerenextrakt sind auch hierzulande erhältlich (siehe Anhang).

Botanischer Name: Withania somnifera
Familie: Nachtschattengewächse (Solanaceae)

Withania somnifera ist ein mehrjähriges Kraut, das rund einen Meter hoch wird; es hat kleine, grünliche Blüten, aus denen sich hübsche rote Früchte entwickeln, die wie kleine Lampions aussehen. Verwendet werden die Wurzeln sowie manchmal auch die Blätter.

Stärke für den Phallus – Stechapfel

Verkörpert der Hanf weibliche Aspekte, gilt der Stechapfel als maskuline Pflanze – gewissermaßen das männliche Gegenstück zu Cannabis –, gemeinsam symbolisieren sie die Einheit von Frau und Mann. Und so rauchen die Sadhus, die indischen Bettelmönche, Stechapfelblätter oder –samen mit Hanf gemischt, um so den weiblichen Aspekt des Hanfs mit dem männlichen des Stechapfels zu verbinden und die »Kundalini«, die sexuelle Energie, zu erwecken. Indem sich Stechapfel und Hanf symbiotisch vereinen, entsteht das »perfekte« Aphrodisiakum, welches feminine wie maskuline Eigenschaften berücksichtigt und fördert.

In Indien sind die Blüten des Stechapfels Symbol für die Kraft des Phallus; wer sie raucht oder einnimmt, flößt seinem Lingam, seinem Penis, ohne Umwege Energie und Schöpferkraft ein. Entsprechend ist der Stechapfel dem Gott Shiva geweiht: Seine Blüten werden ihm geopfert, auf dass seine Liebeskraft und natürlich die des Opfernden dauerhaft erhalten bleibe. Stechapfel wird auf dem Subkontinent jedoch nicht nur geraucht, sondern auch in Kombination mit Gewürzen oder Betelbissen gegessen oder getrunken. Auch die Samen des Stechapfels werden seit endlosen Zeiten zur Steigerung der sexuellen Begierde angewendet – allerdings zurückhaltender, denn in hohen Dosen ist die erotische Energie, die sie in sich bergen, zu massiv; sprich, sie kann schädliche Wirkungen auf die Gesundheit haben.

Der Stechapfel war jedoch beileibe nicht nur in Indien unerlässlicher Begleiter für sexuelle Höhenflüge. Überall dort, wo er gedeiht, sind seine Blüten, Blätter und Samen hochbegehrte Zutat zum Liebesspiel: Ein Elixier der Lust, das ebenso wie Hanf und Opium den Völkern rund um die Welt seit Jahrtausenden höchste Sinnenfreuden schenkt. Im Mittelalter diente der Stechapfel in unseren Breiten als wichtiges Ingredienz der Hexensalben, mittels derer eine magische Anziehung auf das andere Geschlecht garantiert war. Bei den nord- und mittelamerikanischen Indianervölkern hat der Stechapfel aufgrund seiner aphrodisierenden wie auch halluzinogenen Wirkung einen festen Platz in Zeremonien und Heilritualen. Darauf weisen auch die indianischen Bezeichnungen hin: So nannten die Navajos den Stechapfel »Trank des schönen Wegs«, und in den Nahuatl-Sprachen heißt er »die Pflanze, die mit dem Herzen spricht«.

Hauptwirkstoff des Stechapfels ist Scopolamin, das sich auch im Bilsenkraut und in der Tollkirsche findet. Es lässt das Bewußtsein reisen und dient auch als Narkotikum. Da der Stechapfel stark psychoaktiv wirksam ist und, vor allem in hoher Dosierung, lang anhaltende Delirien und Halluzinationen hervorrufen kann, sollte man bei seiner Anwendung vorsichtig sein und sich langsam an die individuell passende Dosis herantasten.

Botanischer Name: Datura stramonium
Familie: Nachtschattengewächse (Solanaceae)
Wo die eigentliche Heimat des Stechapfels liegt, ist nach wie vor umstritten – die meisten Botaniker vermuten sie in Mexiko sowie im südöstlichen Nordamerika. Heute jedenfalls ist er über den gesamten amerikanischen Kontinent, in Nordafrika, im vorderen Orient sowie im Himalaya und auch in Mittel- und Südeuropa verbreitet, wohin ihn die Spanier im 16. Jahrhundert brachten.

Charakteristikum des krautigen Nachtschattengewächses sind seine trompetenförmigen, weißen bis hellvioletten Blüten – daher auch der Volksname »Teufelstrompete« –, die zwischen spitz zulaufenden Blättern hervorsprießen. Die Früchte sind zunächst grün und stachelig wie eine Kastanie, später klappen sie auf und geben ihre schwarzen Samen frei. Der Stechapfel bevorzugt Brachland, Waldränder sowie lockeren, stickstoffhaltigen Boden. Verwendung finden alle Teile der Pflanze, sowohl Blätter, Blüten, Samen wie auch Wurzeln.

Macht die schönsten Frauen schwach – Tollkirsche

Belladonna, diese erstmals von dem italienischen Heilkräuterkundigen Mathiolus Mitte des 15. Jahrhunderts gebrauchte Bezeichnung wurzelt in der Sitte, sich einen aus Tollkirschen gepressten Saft in die Augen zu tropfen, der die Pupillen erweitert und einen geheimnisvoll-attraktiven Blick verleiht. Vielleicht entstand der Name aber auch eingedenk all der schönen Frauen, die den »Anfechtungen des Leibes« erlagen und sich kraft der Tollkirschenwirkungen verführen ließen. Denn aus den schwarzen Beeren werden seit dem Altertum unfehlbare Liebeszauber bereitet: Tollkirsche war stets ein hoch geschätztes Aphrodisiakum und durfte nicht fehlen, wenn es darum ging, die Lust anzuheizen. Im Mittelhochdeutschen bedeutet »toll« nichts anderes als »geil« – soweit zur erotischen Potenz dieser Pflanze, die sich auch in ihrem deutschen Namen ausdrückt.

Belladonna war selbstverständlich in den berüchtigten Hexensalben vertreten: Zubereitungen aus mehreren psychoaktiven Pflanzen, mittels derer kräuterkundige Frauen die Reise zu inneren Zauberwelten antraten, auf der sie stark erotisch geprägte Bewusstseinsveränderungen durchlebten. Die magischen Salben dienten allerdings auch sehr grausamen Zwecken, denn mit ihnen rieb man bei Folterungen die Körper der Angeklagten ein. Die Halluzinationen, die daraufhin eintraten, nutzte man dazu, unter dem Druck der Folter Geständnisse zu erpressen.

Doch die Tollkirsche eignet sich auch zur Heilung, was bekannt ist seit der Zeit der alten Sumerer. Bis heute ist sie trotz ihrer Giftigkeit ein wichtiges Therapeutikum, das in der Hand des Arztes unersetzliche Wirkungen entfaltet; ob als Schmerzmittel, etwa in Gestalt der berühmten Schlafschwämme, die außer mit Opium auch mit Belladonna-Tinktur getränkt waren, ob als Extrakt in Fertigpräparaten oder als homöopathische Arznei.

Alle Teile der Tollkirsche enthalten Atropin und andere hochwirksame Alkaloide wie Hyoscyamin und Belladonnin. Stoffe, die vorsichtig dosiert die Libido enorm steigern und sehr Angenehmes bewirken, in größeren Mengen jedoch tödlich sein können. Erste Anzeichen einer Vergiftung mit Tollkirschen sind Beschleunigung des Pulsschlags, Gesichtsrötung, die typische Erweiterung der Pupillen sowie eine starke Austrocknung der Schleimhäute. Später stellen sich Atemlähmungen ein, die zum Tod führen können. Von der Anwendung von Tollkirschen sollte man also besser absehen.

Botanischer Name: Atropa belladonna
Familie: Nachtschattengewächse (Solanaceae)
In ganz Europa sowie im asiatischen und nordafrikanischen Raum ist der stark verzweigte, mehrjährige Tollkirschbusch in Wäldern und Lichtungen, bevorzugt auf kalkhaltigen Böden, zu finden. Aus seinen schmutzig-rotbraunen Blüten entwickeln sich saftige, glänzend schwarze Beeren: die Tollkirschen, die wegen ihres attraktiven Aussehens als vermeintlich »köstliche« Früchte vor allem Kindern, aber auch schon Erwachsenen zum Verhängnis geworden sind. Verwendet werden sowohl die Blätter wie auch die Wurzeln und Früchte der Tollkirsche.

Die Lust der Bohemiens – Wermut

Der botanische Name des Wermuts, »Artemisia absinthium«, lässt bereits darauf schließen, dass er mit den Liebeskräften und ihrer Stärkung in enger Verbindung steht: In der Antike war Wermut der Göttin Artemis, der Fruchtbarkeitsspenderin, geweiht, und Absinth ist jenes Getränk, dessen berauschend-aphrodisierenden Wirkungen sich die Oberschicht in den Salons des vergangenen Jahrhunderts hingab. Der aus den Wermutblättern destillierte Hochprozenter diente außer der kreativen auch der sexuellen Anregung – nicht von ungefähr war so mancher Bohemien der Absinth-Sucht erlegen und zollte dem aphrodisierenden Wermutstoff Thujon seinen gesundheitlichen Tribut. Wer ohne »Risiken und Nebenwirkungen« in den Genuss der Wermutwirkung kommen möchte, dem seien Wermuttinktur (aus der Apotheke oder dem Reformhaus) sowie ein Tee aus Wermutkraut empfohlen: 2 Teelöffel des getrockneten Krautes mit 1 Tasse kochendem Wasser übergießen, 3 bis 4 Minuten ziehen lassen, mit Honig süßen und zum Vorspiel trinken.

Erwähnt werden sollte auch, dass Wermut bis heute auch als Heilmittel Anwendung findet. Besonders gerne wird Wermutkraut bei verdorbenem Magen, Blähungen, Appetitlosigkeit und Gastritis verordnet. Auch als Gewürz eignet sich die Pflanze gut, allen voran für fette Speisen, da er die Verdauung wohltuend anregt.

Botanischer Name: Artemisia absinthium L.
Familie: Korbblütler (Asteraceae)

Der robuste Wermutbusch mit seinen kugeligen, gelben Blüten und silbrig schimmernden Blättchen kommt bevorzugt in sonnigen, trockenen Regionen vor, wo er wild auf Mauern, Weideland und in Weinbergen wächst. Für arzneiliche Zwecke wird die Heilpflanze auch in Kulturen angebaut. Ihre filzig behaarten Blätter riechen sehr aromatisch und schmecken bitter.

Unwiderstehlicher Duft – Ylang-Ylang

Sexuelle Wünsche und Liebesgelüste werden ganz entscheidend von Gerüchen gesteuert – eine Tatsache, von der die Menschheit seit Jahrtausenden wissen muss. Denn warum sonst hätte man schon in den frühen Hochkulturen die Tierwelt nachgeahmt und sich so sehr um die Parfümierung des Körpers, aber auch von Gegenständen und Räumen bemüht und stets nach neuen Wohlgerüchen gesucht, um sich sexuell attraktiv zu machen.

Einer jener Düfte, der bereits nach Sekunden über das Limbische System Assoziationen von Sinnlichkeit und Erotik herbeizaubert, ist der des ätherischen Öls der Ylang-Ylang-Blüten. Sein unwahrscheinlich sinnliches Bouquet entführt in Märchenwelten aus Tausendundeiner Nacht und lässt Orgien der Lust und Lebensfreude vor dem geistigen Auge erscheinen. Die »Blume der Blumen«, so in etwa heißt Ylang-Ylang übersetzt, und ihr betörender Duft sind untrennbar mit den erotischen Genüssen des Orients verbunden. Ylang-Ylang-Öl gehört auch zu den aphrodisischen Essenzen des Tantra, und in Indonesien ist es bis heute Brauch, den Brautleuten für die Hochzeitsnacht Ylang-Ylang-Blüten auf das Bett zu streuen und die Bettwäsche mit dem Öl zu beträufeln.

Das Öl wird auch in der Aromatherapie, sowohl für Massagen als auch für Bäder oder zur Raumbeduftung angewendet, um die Libido zu stimulieren und die Sinne empfänglich zu machen für die schönen Dinge des Lebens (siehe 5. Kapitel). Ylang-Ylang-Öl ist überall in Apotheken, Naturkostläden und Drogerien sowie in Kräuterfachgeschäften erhältlich.

Botanischer Name: Cananga odorata
Familie: Flaschenbaumgewächse (Magnoliidae)
Der bis zu zwanzig Meter hoch werdende Ylang-Ylang-Baum schmückt sich das ganze Jahr über mit seinen schönen, gelben Blüten, die vor Sonnenaufgang geerntet werden müssen, damit das in ihnen enthaltene ätherische Öl in vollem Umfang erhalten bleibt. Das gelbliche, sirupartige Öl wird durch Wasserdampfdestillation gewonnen. Die ursprüngliche Heimat des Baumes sind die Philippinen; heute kultiviert man ihn darüber hinaus auch auf den Komoreninseln und auf Haiti, Sumatra, Java und Madagaskar. Kurioserweise duften die Blüten wild wachsender Ylang-Ylang-Bäume kaum; nur von Menschenhand gehegt, entwickeln sie viel ätherisches Öl und damit ihr unvergleichliches Bukett.

Liebesbaum, Lustholz, Potenzbaum – bereits diese wenigen aus der langen Liste der Volksnamen lassen bereits erahnen: Die Rinde des Yohimbébaumes eignet sich zur sexuellen Stimulation, und zwar des Mannes wie der Frau.

In der Volksmedizin Westafrikas, der ursprünglichen Heimat des Baumes, diente Yohimbérinde gegen alle Arten sexueller Schwäche, allen voran gegen Impotenz infolge von Hexerei und anderem Schadenzauber. Auch außerhalb ihres angestammten Heimatgebietes hat die Rinde des Yohimbébaumes schon früh begeisterten Anklang gefunden; so findet sie in Nordamerika und Europa bis heute bei tantrischen und anderen erotisch geprägten Ritualen Verwendung.

Der eigentliche Siegeszug des Yohimbé setzte ein, nachdem 1896 ein deutscher Chemiker die nach dem Baum benannte Substanz Yohimbin aus der Rinde isolierte. Dieses entpuppte sich unter den gestrengen Augen der westlichen Wissenschaftler alsbald als gutes Lokalanästhetikum und, viel bedeutsamer noch, als probate Therapie bei erlahmter Lendenkraft und mangelnder Libido. Während zahllosen anderen Pflanzen der Liebe trotz ihrer traditionell belegten Wirksamkeit leider nach wie vor allenfalls Placebowirkung zugestanden wird, genießt Yohimbé heute den Segen der modernen Medizin als einzig »echtes«, da funktionierendes Aphrodisiakum. Und zwar weil Yohimbin als Einziges das Privileg erhielt, seine Wirksamkeit in vielen wissenschaftlichen Studien unter Beweis stellen zu können. So zauberte yohimbinhaltiges Futter bei Mäusemännchen gewaltige – für Mausverhältnisse – Erektionen hervor und trieb das Paarungsbedürfnis zu unerhörten Ausmaßen und die erotisierten Nager zu stundenlangen Orgien. Derartige Ergebnisse inspirierten zu Versuchen am Menschen, und siehe da, auch beim Homo sapiens hielt das Lustholz, was sein Name verspricht: Anzahl und Stärke von Erektion und Orgasmen steigerten sich um das Dreifache. Der physiologische Hintergrund dieser Effekte ist, dass Yohimbin die Durchblutung im Beckenraum stark anregt und die Erregbarkeit der Nerven in diesem

Bereich deutlich messbar erhöht. Das führt zu einer enorm gesteigerten Sensibilität der Hautnerven im Bereich der erogenen Zonen und zu jenen Wonnen, die Yohimbé zur gefeierten Lustdroge der sexuellen Revolution machten.

Keine Rose ohne Dorne: Bei unsachgemäßer Anwendung kann der afrikanische Freudenquell beachtliche Nebenwirkungen zeitigen. So können Überdosierungen eine schmerzhafte Dauererektion, Priapismus, hervorrufen und sogar Atemlähmung verursachen. Yohimbin ist darüber hinaus ein MAO-Hemmer. Das bedeutet, es blockiert das MAO-Enzym, einen Biokatalysator, den der Körper zum Abbau giftiger Substanzen benötigt. Deshalb muss nach der Einnahme von Yohimbé auf reife Käse, Bananen, Schokolade, Alkoholika sowie Koffeinhaltiges verzichtet werden. Denn sie alle enthalten Stoffe, die normalerweise vom MAO-Enzym entschärft werden.

Yohimbé-Fertigpräparate mit festgelegten, niedrigen Dosierungen gibt es heute in großer Auswahl rezeptfrei in Apotheken sowie in Sex-Shops zu kaufen. Wer, die gebotene Vorsicht vorausgesetzt, Yohimbé im Selbstversuch testen möchte, kann folgendes Rezept ausprobieren: 2 Teelöffel Yohimbé-Pulver in rund 200 Milliliter Wasser mehrere Minuten köcheln und dann abkühlen lassen, eine Messerspitze Vitamin-C-Pulver unterrühren; dann langsam und in kleinen Schlucken trinken.

Botanischer Name: Corynanthe yohimbe
Familie: Rötegewächse (Rubiaceae)
Der Yohimbébaum ist in den tropischen Wäldern von Nigeria, Kamerun sowie im Kongo heimisch. Verwendung zu aphrodisierenden Zwecken findet die helle oder graubraune Rinde des bis zu dreißig Meter hoch wachsenden Baumes.

»Sie werden Teonanacatl, ›Fleisch der Götter‹, genannt. Sie wachsen in den Ebenen, im Gras. (…) Er macht einen töricht; er verwirrt einen, bedrängt einen. Er ist Heilmittel bei Fieber und Gicht. (…) Derjenige, der viele von ihnen isst, sieht viele Dinge, die ihn erschrecken und die ihn erheitern. (…) Von einem, der hochmütig, dreist, eitel ist, sagt man: ›Er hat sich selbst bepilzt.‹« (Aus einem altaztekischen Text)

Die Teonanacatl wurden bereits in vorkolumbianischer Zeit zu magisch-religiösen Ritualen verspeist: Die Priester der Azteken und Maya nutzten die Kräfte der heiligen Pilze, um in Visionen den Willen der Götter zu erfahren, aber auch die »Stimme der Erde« zu vernehmen. Denn als Pilze der Mutter Erde konnten sie entsprechend auch Botschaften von dieser überbringen. In der Zeit der Konquistadoren war der Pilzgebrauch strengstens untersagt, hat sich allerdings dennoch bis zum heutigen Tag erhalten.

Neben den mexikanischen Zauberpilzen, Psilocybe mexikana, gibt es noch viele weitere Psilocybe-Arten, die bereits in der Antike eine enorme religiöse und rituelle Bedeutung hatten. Darauf weisen unter anderem Funde von Ketten hin, die aus Perlen in Pilzform gestaltet wurden. Derartige Pilzketten kennt man aus hellenistischer wie aus minoischer Zeit. Bis heute werden Zauberpilze zuhauf verwendet – ob zu schamanischen Ritualen wie in Mexiko oder von Südostasien-Touristen auf der Suche nach psychedelischen Erfahrungen, die ihnen mitunter alles andere als gut bekommen …

Die Pilze werden frisch oder getrocknet verspeist und auf unterschiedlichste Weise zubereitet: das berühmt-berüchtigte Pilzomelett, sautiert als Gemüse, in Honig getunkt, mit Fruchtsaft vermischt oder getrocknet gemeinsam mit Hanf in Kekse oder Kuchen gebacken.

Die Visionen, die Zauberpilze hervorrufen, sind meist stark erotisch geprägt – viele Menschen berichten von einem Orgasmusgefühl, das ihren Körper über Stunden durchflutet hat. In moderaten

Mengen genossen, sind die Pilze ein gutes Aphrodisiakum. Allerdings bewahrheitet sich auch hier, was der gute alte Paracelsus vor schon so langer Zeit wusste: »Erst die Dosis macht, dass ein Ding ein Gift ist«. Ob die Pilze faszinierende Lusterlebnisse und erotische Seelenreisen bringen oder aber Schrecknisse und leidvolle Erfahrungen, hängt von ihrer Dosierung ab.

Die Wirkungen der Zauberpilze gehen auf die halluzinogenen Alkaloide Psilocybin und Psilocin zurück. In den Pilzhüten ist die Konzentration dieser Stoffe höher als in den Stielen, weshalb man überwiegend nur die Hüte isst. Zunächst treten eine allgemeine Entspannung der Muskulatur und Veränderungen im Sehen auf; darauf folgen optische und akustische Halluzinationen, Form- und Farbvisionen sowie Veränderungen in der Wahrnehmung von Zeit und Raum.

Generell geht man davon aus, dass 1 Gramm Pilze (im getrockneten Zustand) genügt, um erotisierende Effekte zu erzielen. Bei bis zu 2 Gramm entfalten die Pilze ihre halluzinativen Wirkungen; was darüber hinausgeht, öffnet das Tor ins Reich der visionären Reisen, die erhebend oder aber niederschmetternd sein können.

Botanischer Name: Psilocybe
Familie: Blätterpilze (Strophariaceae)
Von den rund 150 Psilocybe-Arten, die man bislang kennt, haben an die 80 psychoaktive und aphrodisierende Eigenschaften und sind nahezu weltweit verbreitet. Verwendung finden stets die Pilzhüte, da sie die höchste Wirkstoffkonzentration besitzen. Die Zentren der Zauberpilze sind der mittel- und südamerikanische Raum sowie Südostasien, hier vor allem Bali und bestimmte Inseln Thailands, wie Koh Samui.

Die Art Psilocybe cubensis stammt ursprünglich aus Afrika; da er ausschließlich auf Rinderdung gedeiht, hat er sich im Verbund mit den Rindern vom afrikanischen Kontinent in alle Welt verbreitet. Der Zauberpilz trägt einen relativ großen Hut, der an der Spitze meist goldgelb gefärbt ist. Man findet ihn in tropischen Regionen aus genannten Gründen überall dort, wo Rinderzucht betrieben wird: Die

Pilze schießen, häufig nach starken Regenfällen, aus den Fladen empor.

Psilocybe mexikana ist ausschließlich in Mexiko heimisch und an seinem Hut leicht von Artgenossen zu unterscheiden. Dieser sieht nämlich wie ein mexikanischer Sombrero aus. Er wird bis zu zehn Zentimeter groß und wird getrocknet oder frisch verzehrt, vielfach gemeinsam mit Honig oder heißer Schokolade.

5. Kapitel:

Der Duft der Begierde

~

»Als kaum es deinen Duft gespürt, der mit dem Ostwind hergeflogen, hat sich mein Herz von mir getrennt, ist, dich zu suchen, ausgezogen. Vergessen hat es längst nun schon den Leib, der einst ihm Heimat war, und hat zugleich mit deinem Duft dein ganzes Wesen eingesogen.« (Abu Sa´id Ibn Abi´ L-Chair)

Neben sexuell stimulierenden Pflanzen und erotisierenden Speisen sind die Liebesgötter auch dem olfaktorischen Genuss sehr geneigt. Zu ihren Ehren und natürlich auch, um sich ihre Unterstützung in allen amourösen Belangen zu sichern, ließ man von ihren Altären die verschiedensten Wohlgerüche verströmen.

Dass Düfte, seien es für unsere heutigen Riechvorlieben gute oder weniger angenehme, einen enormen Einfluss auf das emotionale Befinden ausüben, wusste man bereits sehr früh in der Menschheitsgeschichte: »Ein Tag ohne Wohlgerüche kann nicht glücklich sein«, lautet ein altägyptisches Sprichwort.

Auch dass Duftstoffe subtil das Liebesleben steuern, ist seit endlosen Zeiten bekannt und auch weidlich genutzt worden. Das Wissen um die erotisierende Wirkung von Gerüchen ist allen Kulturen gemeinsam und hat in viele Liebeslehren, allen voran die fernöstlichen, Eingang gefunden. Besonders versiert in diesen Dingen waren jene Damen, zu deren Geschäft Verführungskunst und Liebeszauber gehörten: Hetären, Kurtisanen und Mätressen. Eine der berühmtesten dieser Zunft namens Aspasia, die im Athen des fünften vorchristlichen Jahrhunderts wirkte und mit Perikles, dem damaligen politischen Oberhaupt Athens, einige Jahre zusammenlebte, hielt ihre Berufserfahrungen schriftlich fest. Aspasias Liebeslehren führen bereits erstaunlich modern in die hohe Schule der Verführungskunst ein. So

steht in den als ›Die Weisheiten der Aspasia‹ überlieferten Schriftsammlungen unter anderem zu lesen: »Im Übrigen darf man mit
Waschungen nicht übertreiben. Denn ganz und gar geruchlos zu
sein beeinträchtigt die Verführungskraft.« In diesem Zusammenhang berichtet Aspasia von ihrer Schwester Hedürhine, die ihrem
nachlässig gewordenen Geliebten das Hemd, welches sie den Tag
über getragen hatte, kurz vor dem Einschlafen aufs Gesicht legte. Der
Duft des Hemdes tat flugs seine Wirkung und ließ den abgekühlten
Gespielen wieder in neuer Leidenschaft entbrennen.

An Belegen für Verführungskünste, die durch die Nase gehen,
mangelt es auch in späteren Epochen keineswegs. So sollen die Segel
des goldenen Schiffes, auf dem Kleopatra Marcus Antonius entge-
genkam, mit Öl von Damaszenerrosen getränkt gewesen sein und
kündigten kraft ihres intensiven Duftes, der zeitgenössischen Berichten zufolge sogar »den Wind liebestrunken machte«, die Pharaonin
schon meilenweit im Voraus an. Nach Kleopatras Besuch in Rom, wohin sie mit ihrem und Caesars gemeinsamem Sohn Caesarion reiste,
kam ihr Rosenparfüm in Mode, und alle Frauen der Gesellschaft be-
eilten sich ein ebensolches Aroma zu verströmen wie die Regentin
aus dem Land am Nil. Rosen wurden im alten Rom auch als erotisierender Raumduft verwendet: Bei den Festgelagen der reichen Oberschicht verströmten trickreiche Rohrkonstruktionen das Bukett der
Königin der Blumen, und die Fußböden waren mit einem Teppich
von Rosenblättern bedeckt.

Sibylle von Neitschütz (1675 – 1694), die Mätresse von Johann
Georg IV. von Sachsen, hielt ihren kurfürstlichen Liebhaber durch
einen ganz besonders delikaten Kunstkniff bei der Stange. Die schöne
Neitschütz trug stets zwei Stofflappen in ihrem Unterrock, »deren
eines von des Fräuleins Hemde, darin sie menstruo laboriert, das andere aber Kurfürstliche Durchlaucht beschwitzt« hatte. Von Dingen
wie Pheromonen war damals vermutlich noch niemandem etwas zu
Ohren gekommen – nichtsdestoweniger hat man sie, wie das Beispiel
des sächsischen Kurfürsten zeigt, der seiner Sibylle regelrecht verfallen war, mit großem Erfolg eingesetzt.

Von Napoleon ist uns die Anekdote überliefert, dass er Joséphine kurz vor der Ankunft vom Schlachtfeld die Bitte übermitteln ließ, sie solle sich nun ab sofort nicht mehr waschen, da er in wenigen Tagen bei ihr eintreffe. Natürlich erschnupperte auch Casanova stets treffsicher den Lockruf der Weiblichkeit: »Im Zimmer der geliebten Frau gibt es etwas, wollüstige Ausdünstungen so intimer und balsamischer Art, dass der Liebende, vor die Wahl zwischen diesem Arom und dem Himmel gestellt, nicht schwanken wird, das Erstere zu wählen«, so schrieb der Meister der Verführung in seinen Memoiren.

Im Tantra, der altindischen Liebeslehre, ist ein großer Abschnitt einzig dem Gebrauch duftender Öle und aromatischer Pflanzenessenzen gewidmet: ›Der parfümierte Garten‹ gibt detailliert Anleitung, welche Düfte an hierfür besonders »empfänglichen« Körperstellen aufgetragen werden sollen, um sexuelle Energien freizusetzen und Gemüt wie Körper auf sinnliche Genüsse einzustimmen. Auch im Alten Testament ist an vielen Stellen von der Magie der Düfte zu lesen – häufig in erotischem Kontext. So beispielsweise in Sprüche 7, Vers 17 und 18: »Ich habe mein Lager mit Myrrhe besprengt, mit Aloe und Zimt. Komm, lass uns kosen bis an den Morgen und lass uns die Liebe genießen.« Oder im Hohelied Salomos 4, Vers 13 und 14, in denen der König seine Sulamith preist: »Du bist gewachsen wie ein Lustgarten von Granatäpfeln mit edlen Früchten, Zyperblumen mit Narden, Narde und Safran, Kalmus und Zimt, mit allerlei Weihrauchsträuchern, Myrrhe und Aloe, mit allen feinen Gewürzen.« Wenig prüde und ebenfalls sehr aufgeschlossen äußerte sich der Prophet Mohammed gegenüber wohlriechenden Substanzen: »Drei Dinge sind mir besonders lieb und teuer: Frauen, Parfüm und Gebet.« Man beachte die Reihenfolge ...

Die, wie dieser kleine Exkurs zeigt, uralte Erfahrung, dass Liebeslust und Geruchssinn symbiotisch miteinander verwoben sind, hat auch ihre wissenschaftliche Bestätigung gefunden. Die olfaktorische Wahrnehmung, wie das Riechempfinden in Fachkreisen genannt wird, ist Gegenstand intensiver Forschungen. Und diese belegen, dass alle Leidenschaft in der Nase ihren Anfang nimmt.

Lust geht durch die Nase

Im Vergleich zu anderen Säugetieren ist der Geruchssinn des Homo sapiens recht dürftig entwickelt. Trotzdem hat dieser auch beim Menschen einen ganz entscheidenden Einfluss auf das psychische und emotionale Befinden: Starke Gefühlsregungen können unmittelbar von Gerüchen ausgelöst und andererseits auch gedämpft werden. Und auch Libido und Sexualität stehen direkt unter dem Einfluss dessen, was die Nase an Signalen aus der Umwelt aufnimmt.

Duftreize gelangen via Riechschleimhaut der Nase zum an der Hirnbasis gelegenen Riechkolben und von dort, und das ist nun das Besondere am Riechen, ohne vorherige Zensur durch Bewusstsein und Intellekt, zum Limbischen System. Noch bevor also ein Geruch bewusst als solcher wahrgenommen wird, hat er bereits die tiefsten Bewusstseinsschichten erreicht und dort seine Botschaft überbracht. Denn das im Stammhirn gelegene Limbische System ist eng mit lebenswichtigen Instinkten und dem Unterbewusstsein gekoppelt: Es bestimmt über die archaischsten aller Empfindungen, Hunger, Durst und Müdigkeit, steuert Sympathie und Antipathie, Intuition und Kreativität und ist oberste Instanz des sexuellen Verhaltens. Nicht umsonst unterliegen auch die Hormone zum Großteil dem Diktat des Limbischen Systems.

Dass die wichtigsten Instinkte mit dem Riechen korrelieren, zeigt auch die Tatsache, dass die Sensitivität des Riechorgans abhängig vom jeweiligen Sättigungszustand des Betreffenden ist. Wer hungrig ist, riecht deutlich besser als der, der gerade gegessen hat. Interessanterweise trifft dies auch für den Sex zu: Vor dem Geschlechtsverkehr ist die Riechfähigkeit deutlich besser als nachher. Wie groß die Macht der Gerüche über das Liebesleben ist, zeigte sich unter anderem bei Untersuchungen der beiden amerikanischen Sexualforscher Masters und Johnson. Sie stellten fest, dass Menschen mit Riechstörungen zu knapp dreißig Prozent ihr sexuelles Interesse verlieren und enorme

Libidostörungen entwickeln; Männer waren dabei mehr betroffen als Frauen. Obwohl das Geruchsempfinden der Frauen deutlich stärker mit Erotik verbunden ist als das der Männer, sind Letztere verwundbarer gegenüber der Magie der Düfte, die treffsicher wie ein Pfeil mitten ins Zentrum des maskulinen Instinkts zielt.

Lockrufe

Alle Lebewesen versenden charakteristische Geruchsstoffe, die eindeutige Botschaften übermitteln: Pheromone, chemisch chiffrierte Lockrufe, die mannigfache körperliche wie emotionale Reaktionen auslösen. Diese Botenstoffe kontrollieren das soziale wie auch das sexuelle Verhalten zwischen den Individuen einer Art. Schmetterlinge beispielsweise finden mittels Pheromonen selbst auf größte Distanzen hinweg ihren Partner. Ebensolches bewirkt der im Speichel von Ebern enthaltene Stoff Androstenon, unwiderstehlich für die Schweinedamen. Dieser Stoff ist auch in Trüffeln enthalten, weshalb seit Jahrhunderten zur Trüffelsuche weibliche Schweine eingesetzt werden: Glück für den Gourmet und Pech für die Sau. Denn diese ist nicht auf kulinarische, sondern vielmehr auf erotische Genüsse aus, und der Schweinsgalopp gilt dem Eber und nicht den Trüffeln.

Pheromone spielen auch deshalb eine so bedeutende Rolle für die Fortpflanzung, da sie unentbehrlich für die territoriale Abgrenzung sind: Rüden wie zahlreiche andere männliche Tiere markieren über die in ihrem Urin enthaltenen Duftnoten ihr Revier.

Doch auch wir Menschen setzen mit Pheromonen »unüberriechbar« Signale. Den Appell, den diese Signale an uns richten, nehmen wir zwar nicht bewusst wahr – gleichwohl ist er für die Hormone laut vernehmbar und wird ebenso heftig beantwortet. Denn auch beim Menschen verfügen jene winzig kleinen Duftmoleküle über die Macht, sein Verhalten zu bestimmen. Wer also bei Liebeslust und Leidenschaft nach selbst bestimmten Auswahlkriterien zu handeln meint, der irrt: Bevor wir sexuelle Regungen empfinden, hat unsere Nase schon längst entschieden ...

Träger der erotischen Lockstoffe ist der Schweiß. Pheromone sind ein Produkt der Schweißdrüsen der Haut und werden besonders stark von Achselhöhlen und vom Genitalbereich aus in die Umwelt entsandt, um ihre Botschaften zu übermitteln. Ihre Bildung setzt allerdings erst mit der Pubertät ein, vorher verzichtet die Natur aus verständlichen Gründen auf den Lockruf an das andere Geschlecht. Über fünfzig verschiedene Pheromone wurden bislang beim Menschen entdeckt und je nach ihrer Wirkung auf Sexualität und Verhalten klassifiziert. Darunter finden sich unter anderem die Kopuline, die sich im Sekret der Vagina tummeln und die männliche Libido ankurbeln. Ebenso zu den Pheromonen gehören die Androstene, welche die Gemütsverfassung wie auch die sexuelle Bereitschaft beim Menschen positiv beeinflussen können. Von einem Vertreter dieser Stoffe, dem Androstenon, war bereits im Zusammenhang mit dem Liebesleben der Schweine die Rede. Was die Sau erregt, verfehlt auch beim Homo sapiens seine Wirkung nicht – »experimentell« erprobt wurde diese bei weiblichen Vertretern unserer Gattung. Stühle eines Wartezimmers, mit den vor allem im männlichen Urin und Schweiß reichlich vorhandenen Androstenen besprüht, erwiesen sich als deutlich anziehender für die Frauen: Auf die Androstenstühle setzten sich signifikant mehr Frauen als Männer. Ein ähnlicher Versuch in einem Kino kam zu dem gleichen Ergebnis.

Überdies hat man herausgefunden, dass Frauen für die männlichen Duftstoffe, nicht nur für Androstenon, am empfänglichsten während ihrer fruchtbaren Tage, zu Zeiten des Eisprungs, sind. Eine sinnvolle Regelung der Natur, die ja auf die Erhaltung der eigenen Art abzielt und so die Paarungsbereitschaft dann in die Höhe schnellen lässt, wenn die Aussicht auf erfolgreiche Weitergabe der Gene am größten ist. Ebenso wurde festgestellt, dass die Geruchsempfindlichkeit der Frau für Pheromone, allen voran für Androstenon, während des Orgasmus ihren absoluten Spitzenwert erreicht.

Androstenon riecht übrigens in sehr geringer Konzentration wie

Sandelholzöl, womit die erotisierende Wirkung dieses Duftes erklärt wird. Wie der Achselschweiß sendet Sandelholzöl subtile erotische Signale an das andere Geschlecht – und da Androstenon vor allem auf Frauen wirkt, lässt sich nachvollziehen, weshalb besonders Männer sich seit langen Zeiten der Kräfte des Sandelholzes bedient haben, um ihre sexuelle Anziehung zu erhöhen.

Der Beweis aber für die Existenz von Pheromonen beim Menschen war erst erbracht, als man entdeckte, dass ein Extrakt von Achselschweiß den weiblichen Menstruationszyklus in seinem zeitlichen Ablauf zu manipulieren vermag. Was auch das schon lange bekannte Phänomen erklärt, dass sich die Periode von Frauen, die zusammenleben oder auf engem Raum zusammen arbeiten, nach einer gewissen »Anpassungsphase« zeitlich synchron gestaltet. Wird Achselschweißextrakt von Frauen im frühen Stadium des Zyklus, also vor dem Eisprung, auf die Oberlippe beziehungsweise in die Nähe der Nase anderer Frauen gebracht, dann verkürzt sich deren Zyklus, und der Eisprung findet früher statt. Wenn zum Zeitpunkt der Ovulation selbst der Achselschweiß entnommen und bei anderen Frauen appliziert wird, dann verlängert sich deren Zyklus, und der Eisprung verschiebt sich nach hinten.

~

Vom erotischen Moment der Axille

Generationen von Malern bedienten sich bis in unser Jahrhundert hinein der Darstellung übereinander gelegter Schenkel, um so Sexualität anzudeuten. Ebenso wie diese aussagekräftige Pose vermitteln sollte, dass ein Paar vor Leidenschaft brennt, wird in der Kunst seit endlosen Zeiten darauf Bezug genommen, dass die Achsel sexuelle Signale aussendet. Schon lange vor der Entdeckung von Pheromonen und anderen Boten der Lust hatte die Darstellung der entblößten Achsel erotische Symbolwirkung: ein angehobener Arm, der den Blick auf die Achsel freigibt, stand für sexuelle Attraktivität. So beispielsweise bei »Venus, Satyr und Amor« von Correggio (1524), »Perseus und Andromeda« von Joachim Wtewael (1611), »Die nackte Maya« von Francisco de Goya (1800) und »Phryne vor den Richtern« von Jean-Léon Gérôme (1861) wie auch die »Erotische Quelle« von Ingres (1856) und »Mann und Frau« von Edvard Munch (1912 – 1915) – um nur einige der vielen auf Leinwand verewigten Exempel zu nennen.

Auch im 21. Jahrhundert bedient sich so mancher Werbefachmann der Erotik der Achseln. Ob in Hochglanzmagazinen, auf Litfaßsäulen und Plakatwänden – dem aufmerksamen Beobachter begegnen zuhauf Belege dafür, dass die Macht dessen, was die Axillen verströmen, bis heute ungebrochen ist.

Abgesehen von der Erkenntnis, dass Pheromone auch beim Menschen existieren und Wirkung zeigen, steckt die Erforschung dieser subtilen und doch so mächtigen Moleküle noch in den Kinderschuhen. Unklar ist bis dato vor allem, welche Pheromone es sind, die hauptamtlich für die Stimulation der Libido verantwortlich zeichnen und auf welche Weise dies im Einzelnen vonstatten geht.

Das »sexste« Sinnesorgan

Eines der Resultate jüngster Forschungen in Sachen Pheromone war die Entdeckung, wie Androstenon, Kopulin und Co. vom Organismus aufgenommen werden, respektive wer der erste Empfänger ihrer Nachrichten ist. Lange Zeit glaubte man, dass die Katalysatoren der Libido via Riechorgan in der Nase die Leidenschaft entzünden – ein Irrtum, wie sich nun herausstellte. Ein kleiner Sensor am Eingang der Nasenhöhle ist es, der nicht Gerüche, sondern Pheromone registriert: das vomeronasale Organ, kurz VNO, manchmal auch Jacobsonsches Organ genannt. Der winzige, an der vorderen Nasenscheidewand gelegene Blindschlauch ist, wie der Wissenschaft bereits länger bekannt, den meisten Säugetieren unentbehrlich für die Reaktion auf Pheromone und somit für das Paarungsverhalten. Einzig beim Menschen schien das VNO ohne Funktion und fiel entsprechend unter den Tisch. Eine Forschergruppe um Professor Jahnke, Direktor der HNO-Kliniken der Humboldt-Universität zu Berlin, nahm sich dann endlich des Stiefkinds an. Beim Blick ins Elektronenmikroskop entpuppte es sich als voll funktionsfähiges Sinnesorgan, bestens mit all dem ausgestattet, was zum Empfangen und Weiterleiten von Reizen erforderlich ist. Angesichts seiner Funktion wird dieses Organ heute auch als »sexstes« Sinnesorgan bezeichnet. Es ist in ständigem Kontakt mit der Umwelt und empfängt von dort eintreffende Botschaften – gewissermaßen die Landebahn für Pheromone und die so genannten Vomeropherine, Stoffe, die ebenfalls zu den Pheromonen zählen. Dass die Vomeropherine beim Menschen das vomeronasale Organ tatsächlich stimulieren können, ist inzwischen nachgewiesen worden. Das bereits mehrfach erwähnte Androstenon sowie eine weitere Substanz, das Östratetranol, die vornehmlich von Frauen abgesondert wird, sind die bislang am besten untersuchten Vomeropherine.

Außer Zweifel steht heute auch, dass das VNO beim Empfangen der Pheromone vollkommen getrennt vom Riechorgan selbst agiert. Dies bestätigt die vielfach gemachte Beobachtung, dass Menschen, die ihren Geruchssinn verloren haben, dennoch in der Lage sind, Pheromone wahrzunehmen. Die umgangssprachliche Formulierung, man könne »jemanden riechen« oder nicht, ist also streng genommen falsch. Denn mit dem vomeronasalen Organ riechen wir nicht; diesen Part übernimmt die Riechschleimhaut. Vor diesem Hintergrund sollte also besser davon die Rede sein, jemanden »gut vomeronasalieren zu können«, was jedoch recht seltsam klingt.

Offen ist bislang die Frage, wie die Botschaften der Pheromone vom vomeronasalen Organ zum Gehirn gelangen. Bei Tieren existiert hierfür ein direkter Draht, der Nervus vomeronasalis, der sich vom VNO zum in der Hirnbasis gelegenen Riechkolben zieht. Beim Menschen ist diese Verbindung zum Gehirn nur während der Embryonalentwicklung nachweisbar. Das vomeronasale Organ selbst existiert jedoch bei allen Erwachsenen.

Sex-Appeal aus dem Flakon

Die Suche nach einem Duft, der den, der ihn trägt, absolut unwiderstehlich macht, beschäftigt die Menschheit seit Jahrhunderten. Man denke an Patrick Süskinds Roman ›Das Parfüm‹, in dem die Hauptfigur, selbst ohne Geruch und von niemandem geliebt, den Duft von Jungfrauen zu destillieren vermag und sich auf diese Weise zu ersetzen, was ihr fehlt. Diesem Triumph des Geruchsfetischisten Jean-Baptiste Grenouille freilich fielen zahlreiche junge Frauen zum Opfer...

Doch es bedarf nicht erst der Erzählkunst eines Patrick Süskind, um nachvollziehen zu können, dass zeitgleich mit der Entdeckung der Pheromone und der Möglichkeit, diese zu isolieren, eifriges Werkeln der Parfümindustrie einsetzte: Die Möglichkeit, einen Duft zu kreieren, der maximale sexuelle Attraktion verleiht, war zum Greifen nahe. Denn künstlich im Labor gewonnene menschliche Lockstoffe, so die Überlegung, müssten prinzipiell das Potenzial des unfehlbar wirksamen Aphrodisiakums in sich bergen. Da wäre er denn endlich, der Sex-Appeal zum Auftragen bei Bedarf – Traum eines jeden Parfümeurs, vor und nach den Zeiten des Romanhelden von Süskind.

Was man in wissenschaftlichen Zirkeln von dererlei Dingen hält, ist mit einem Wort gesagt: nichts. Pheromon-Parfüms als aphrodisische Wundermittel, so die Fachkreise, entbehren jeglicher seriöser Grundlage und sind allenfalls Zukunftsmusik. Durchaus denkbar ist, dass die durch Pheromone verbesserte Gemütsverfassung »emotionale Sympathie« zu vermitteln und sich auch auf zwischenmenschliche Beziehungen positiv auszuwirken vermag – letztlich also eine gesteigerte sexuelle Lust zur Folge haben kann. Als sehr viel plausibler, wenn auch bar jeder Erotik, gilt derzeit der Einsatz von Pheromonen als Appetitzügler, Angstlöser sowie als natürliche Methode der Empfängnisverhütung.

Duftende Diener der Passion

Seit Jahrtausenden schon steht der Mensch im Bann der Welt der Düfte, nicht nur seiner eigenen Duftstoffe, sondern auch tierischer und vor allem pflanzlicher Aromen. Deren Bedeutung wurde noch gesteigert, als es gelang, mittels Wasserdampf, Fetten und Alkohol die »Seele« von Blüten, Kräutern und Hölzern, die ätherischen Öle, zu gewinnen. Diese werden seit undenklichen Zeiten vor allem als Aphrodisiaka angewendet. Denn auch die duftenden Pflanzenessenzen wirken über die Riechschleimhaut direkt auf das Limbische System und damit auf die emotionalen Zentren im Gehirn. Darüber hinaus sind in so manchen ätherischen Ölen Substanzen enthalten, die ähnlich wie Pheromone aufgebaut sind und eine entsprechend vergleichbare Wirkung entfalten können.

Trotz ihres Namens haben ätherische Öle nichts mit fetten Ölen gemein. Sie besitzen einen grundsätzlich anderen chemischen Aufbau und andere physikalische Eigenschaften. So sind ätherische Öle in höchstem Grade flüchtig und verdunsten rasch, sobald sie mit Luft in Kontakt kommen. Ätherische Öle werden häufig auch als Essenzen bezeichnet, weil sie in ihrer Struktur und ihrem Duft die charakteristischen Merkmale, das »Wesentliche«, der Pflanze enthalten, aus der sie gewonnen wurden.

Ebenso wie wohlriechende Pflanzenessenzen haben auch tierische Duftstoffe eine lange Tradition als Aphrodisiaka. Ambra, Bibergeil, Moschus und Zibet und andere animalische Boten der Erotik gehören zu den wirksamsten Elixieren der Libido.

Für die menschliche Lust mussten allerdings bis vor noch nicht allzu langer Zeit unzählige Pottwale, Moschushirsche, Tiger oder beispielsweise Zibetkatzen ihr Leben lassen. Seit den fünfziger Jahren bleiben diese, zumindest was die Gewinnung von Duftstoffen aus ihren Sexualdrüsen anbelangt, weitgehend verschont. Denn bis auf Bibergeil, das aus den getrockneten Duftdrüsen nordamerikanischer Biber gewonnen wird, können heute alle tierischen Lockstoffe künstlich hergestellt werden. Sich synthetischer Düfte aus dem Reagenzglas zu bedienen mag zunächst Befremden hervorrufen. Im Hinblick auf den Schutz der bedrohten, oftmals schon nahezu ausgerotteten Tierarten sind tierische Duftstoffe aus dem Labor jedoch nur zu begrüßen.

Aphrodisierende Essenzen

Die aphrodisierende Wirkung jener Essenzen, die sich traditionell als »Liebesöle« zur Anregung der Libido bewährt haben, ist individuell sehr verschieden und abhängig von persönlichen Vorlieben, die es gilt herauszufinden beziehungsweise zu erschnuppern. Einfach immer der Nase nach ...

Gerade bei ätherischen Ölen sind der Fantasie keine Grenzen gesetzt, und so lassen sich aus den nachfolgend genannten Ölen immer neue Kreationen für das Liebesspiel zusammenstellen. Für die meisten Anwendungen mit ätherischen Ölen sind so genannte Trägersubstanzen erforderlich, in denen die unverdünnten Pflanzenessenzen und Mischungen daraus aufgelöst beziehungsweise verdünnt werden. Bei den Trägersubstanzen handelt es sich meist um fette Öle ebenfalls pflanzlicher Herkunft; besonders gut eignen sich Jojoba-, Kokos-, Mandel- und Weizenkeimöl.

Generell empfiehlt es sich, für Ganzkörpermassagen 20 bis 25 Tropfen des Öls oder der Ölmischung auf 100 ml Trägeröl und für Vollbäder 20 Tropfen auf 60 ml Trägeröl zu geben. Sollen die Essenzen in Duftlampen Verwendung finden, genügen bereits wenige Tropfen des betreffenden Öls oder der Ölmischung. Für Einreibungen können Essenzen auch direkt auf die Haut aufgetragen werden: Idealerweise an Nacken, Gelenkbeugen und an der Innenseite der Handgelenke sowie der Schenkel; jenen Körperzonen, an denen die Öle aufgrund der etwas höheren Körpertemperatur ihr Bukett umso intensiver entfalten. Vorsicht ist allerdings mit Kleidungsstücken geboten, denn viele ätherische Öle hinterlassen Flecken; deshalb einige

Minuten mit dem Ankleiden warten, bis das Öl in die Haut eingezogen ist.

Ätherische Öle für die Libido

Essenz	Eigenschaften
Bergamotte	stimmungsaufhellend, stärkend
Cistrose	ausgleichend, beruhigend
Eisenkraut	inspirierend, motivierend
Iris	harmonisierend, stärkt Intuition
Jasmin	emotional öffnend, aufmunternd
Moschus	entspannend
Muskatellersalbei	vitalisierend, krampflösend
Neroli	stimmungsaufhellend, verdauungsfördernd
Patchouli	stimulierend
Rose	harmonisierend, emotional öffnend, schmerzlindernd, krampflösend
Rosmarin	belebend, kreislauffördernd
Sandelholz	harmonisierend, krampflösend, durchblutungsfördernd
Tonka	stimulierend
Vanille	harmonisierend, beruhigend
Vetiver	stärkend, erdend
Ylang-Ylang	entspannend, stimulierend, blutdrucksenkend, antiseptisch

Massagen von Kopf bis Fuß

Massagen mit duftenden Essenzen sind der ideale Begleiter für das Liebesspiel. Ob als stimulierender Auftakt oder zwischendurch beim »Hauptgang« als anregende Bereicherung, stellen sie von Kopf bis

Fuß auf Liebe ein. Denn wird der ganze Körper mit sexuell anregenden Ölen verwöhnt, entfalten zwei aphrodisierende Komponenten zugleich ihre Wirkungen. Zum einen die ätherischen Öle an sich, zum anderen die sanfte und liebevolle Berührung im Zuge einer gegenseitigen Massage – die sicherlich mit wirksamste Art, sexuelle Gefühle auszudrücken und auch zu erzeugen. Abgesehen von dem sinnlichen Genuss, den Massagen schenken, leisten sie zudem einen nicht zu unterschätzenden Beitrag zur Erhaltung der Gesundheit. Heute ist wissenschaftlich erwiesen, dass Streicheleinheiten emotionalen Stress abbauen und nachhaltig das Immunsystem aktivieren. Denn bei zärtlichen Berührungen und beim Orgasmus wird unter anderem ein Hormon namens Oxytocin ausgeschüttet, das beruhigt, Angstgefühle verringert und vielfältige Heilungsprozesse im Körper ankurbelt – »Vitamin B«, regelmäßig zugeführt, fördert nicht nur das Liebesleben, sondern auch die allgemeine Gesundheit.

Wie die Massage im Einzelnen durchgeführt wird, an welchen Körperstellen man beginnt und wo man endet, hängt ganz von den persönlichen Vorlieben ab. Während der eine Ganzkörperzuwendung, inklusive der intimsten Stellen, favorisiert, findet der andere Massagen ausschließlich am Rücken viel angenehmer. Auch wünschen sich die einen eine zupackende und starke Massage, während andere zarte Berührungen als erregend empfinden.

Einerlei wie fest und umfassend die Massage durchgeführt wird, wichtig ist, dass nie beide Hände zugleich vom Körper genommen werden – stets sollte eine Hand den Kontakt halten, um so den Fluss der Energien nicht zu unterbrechen. Im Hinblick auf den Energieaustausch zwischen den beiden Partnern ist es auch gut, zum Abschluss der Massage mit beiden Händen sanft vom Kopf bis zu den Füßen hinunterzustreichen, um so die Energien »abzustreichen« und den Energiekreislauf wieder zu schließen.

Der beste Ort für eine Massage ist zweifelsohne das Bett – allerdings sollte es nicht zu weich sein und die Raumtemperatur nicht zu kalt. Denn auch nur leichtes Frösteln setzt den gemeinsamen Genuss sehr herab. Als wirkungsvolles Requisit mag eine Feder dienen, beispielsweise eine Enten- oder Gänsefeder, mit der man sanft und behutsam zum Auftakt der Massage über den Körper streicht, um so die Haut des Partners auf das Bevorstehende einzustimmen. Sehr prickelnd kann es auch sein, dem Objekt der Massage die Augen zu verbinden. So lassen sich die Berührungen noch besser genießen, und zudem kann man sich überraschen lassen, wohin die Hände des anderen wandern mögen …

Für aphrodisierende Massagen kann aus den Ölen je nach momentanem Gusto beliebig ausgewählt werden; das Gleiche gilt für Kombinationen aus mehreren verschiedenen Ölen.

Hier einige bewährte Mixturen zum Ausprobieren und zur Inspiration für eigene Kreationen.

Ölmischungen für Massagen

Die angegebenen Öle werden jeweils mit dem Trägeröl vermischt und in einer dunklen Flasche gut verschlossen aufbewahrt. Zur Anwendung nimmt man etwas von der Mischung zwischen die Handflächen, reibt diese aneinander, um Öl wie Hände zu erwärmen und beginnt mit der Massage. Ist das Öl aufgebraucht, gibt man den Nachschub ebenfalls wieder zuerst auf die Handflächen und dann auf die Haut des Partners.

Den Auftakt der folgenden 5 Rezepturen bildet eine Mixtur, die auf Kleopatra zurückgehen soll und vielleicht auch mit daran beteiligt war, das römische Weltreich ins Wanken zu bringen:

10 Tropfen Ylang-Ylang
5 Tropfen Jasmin
6 Tropfen Sandelholz
5 Tropfen Vanille
auf 50 ml Olivenöl

4 Tropfen Jasmin
2 Tropfen Bergamotte
2 Tropfen Lavendel
2 Tropfen Petitgrain
auf 25 ml Mandelöl

3 Tropfen Rose
4 Tropfen Geranie
2 Tropfen Ylang-Ylang
2 Tropfen Bergamotte
auf 25 ml Mandelöl

3 Tropfen Muskatellersalbei
8 Tropfen Vetiver
8 Tropfen Rosmarin
auf 15 ml Kokosöl

6 Tropfen Sandelholz
3 Tropfen Koriander
1 Tropfen Ingwer
auf 25 ml Mandelöl

Die Rose, Königin der Blumen, gilt als Verkörperung der Weiblichkeit und entsprechend ihr ätherisches Öl als Duft der Frauen – mit das wirksamste Mittel zum Entfachen der weiblichen Leidenschaft. Hierzu empfehlen sich Vollbäder, am besten zu zweit, falls die Badewannenmaße es zulassen: 15 bis 20 Tropfen Rosenöl auf 5 Esslöffel flüssige Sahne oder Honig dem Badewasser zugeben. Eine weitere stimulierende Anwendung sind gegenseitige Massagen: 7 Tropfen Rosenöl in 25 Milliliter Mandelöl untermischen.

Für viele Paare unverzichtbarer Auftakt zum Liebesspiel sind gemeinsame Vollbäder. Doch auch in Zweisamkeit genommene Fußbäder, unter Umständen gefolgt von einer gegenseitigen Massage der Fußreflexzonen, sollen sehr anregend sein. Wie umfassend auch immer die Badefreuden ausfallen, zur lustvollen Abwechslung empfehlen sich statt des üblichen Badezusatzes einmal ätherische Öle. Diese entfalten ihren Duft im Badewasser noch stärker und ziehen auch leichter in die Haut ein. Da sich ätherische Öle nicht so einfach mit Wasser mischen, müssen sie in natürlichen Lösungsmitteln verrührt werden, bevor man sie dem Badewasser zugibt. Am besten eignen sich hierzu Honig oder flüssige Sahne; vier bis fünf Esslöffel sind die ausreichende Menge für ein Vollbad.

Die Wassertemperatur sollte zwischen 30 und 34 Grad liegen; zu heißes Wasser lässt die Öle zu schnell verdunsten. Übrigens sollte die Badedauer, auch wenn es noch so schön ist, eine Viertelstunde möglichst nicht überschreiten. Denn Vollbäder, zu lange genossen, strengen bekanntermaßen den Kreislauf sehr an und machen müde. Und das ist sicherlich nicht der gewünschte Effekt . . .

Hier einige Vorschläge für sinnliche Badefreuden:

3 Tropfen Rose
2 Tropfen Mandarine
1 Tropfen Kamille
auf 4 EL Honig oder flüssige Sahne

12 Tropfen Sandelholz
4 Tropfen Ylang-Ylang
5 Tropfen Rose
auf 4 EL Honig oder flüssige Sahne

2 Tropfen Muskatellersalbei
2 Tropfen Orange
2 Tropfen Rose
auf 4 EL Honig oder flüssige Sahne

Durch Duftlampen bekommt selbst die Einzimmerwohnung im zwölften Stock den Touch eines Tempels der sinnlichen Freuden. Um so mehr im Verbund mit stimmungsvoller Beleuchtung und vielleicht einem der kulinarischen Liebesmittel aus Aphrodites Rezeptbuch. Einige Tropfen aphrodisierender ätherischer Öle ins Wassergefäß einer Duftlampe getropft, sind wenig aufwändige und dennoch wirkungsvolle Erotika – vor allem dann ideal, wenn die Zeit bis zum Rendezvous knapp bemessen ist.

Was beim erotisierenden Budenzauber berücksichtigt werden sollte, ist, dass der Abstand zwischen Wassergefäß und Teelicht mindestens zehn Zentimeter beträgt. Ansonsten besteht die Gefahr, dass das Wasser zu köcheln beginnt und sich damit Qualität und Wirkung des Öls verändern. Ebenso sollte stets destilliertes Wasser verwendet werden, sonst verkalkt die Duftlampe bei jeder Anwendung.

Auch zum Beduften der Raumluft kann jedwedes der genannten Öle verwendet werden; für eine Duftlampe mittlerer Größe genügen vier bis sechs Tropfen Öl.

Anbei einige Empfehlungen für Mixturen:

2 Tropfen Neroli
2 Tropfen Rose
2 Tropfen Ylang-Ylang

2 Tropfen Sandelholz
1 Tropfen Zeder
1 Tropfen Neroli
2 Tropfen Rose

In Indien war es früher gang und gäbe, erotische Begegnungen mit sinnlichen Wohlgerüchen zu »untermalen«. Hier eine Räucherung, in der Duftstoffe nicht in flüssiger, sondern in fester Form zur Anwendung kommen; die Zutaten gibt es allesamt in Asienläden zu kaufen. Man zerreibt sie möglichst fein im Mörser oder mit einem

Reibeisen, gibt sie in eine Duftschale und lässt sie über deren Kerze verdampfen.

4 Teile Guggul
1 Teil Patchouliblätter
1 Teil Nelkenblüten
1 Teil Moschuskörner
4 Teile Sandelholzpulver
1 Teil Korianderfrüchte

Noch mehr duftende Spielarten

Mit duftenden Pflanzenessenzen lassen sich zahllose erotische Spielchen treiben. Eines der verbreitetsten ist wohl das Beduften der Wäsche, wie es einst schon Großmuttern tat und sicherlich auch nicht nur, um die Motten zu vertreiben. Auch Dichterfürst Goethe, bekanntlich bis ins hohe Alter sexuell sehr rege, steckte seine Nase mit höchster Lust in die Unterwäsche der Frau von Stein – wie sollte es um die Männerfantasien heute anders bestellt sein? Deshalb, und dies richtet sich nur an die weiblichen Leser, sollte es nicht versäumt werden, den Dessous einen Hauch Parfüm oder Lieblingsduftöl mitzugeben. Hierfür kann die Wäsche vor dem Bügeln oder bevor sie komplett getrocknet ist, ein wenig mittels Zerstäuber besprüht werden. Gute Wirkungen zeigen auch einige Tropfen in Wasser gelöstes Öl von Sandelholz oder Ylang-Ylang, die man auf Kopfkissen und Laken träufeln kann. Oder man tränkt einen Wattebausch mit einem sinnlichen Duft und legt ihn dorthin, wo es gut riechen soll. Man kann den Duftspender übrigens auch gut in der Kleidung platzieren, beispielsweise im BH oder in der Sakkotasche.

Höchst erregend, für beide Teile, kann es auch sein, verschiedene Duftnoten an unterschiedlichen Stellen des Körpers aufzutragen und den Partner somit auf Entdeckungsreise zu schicken.

6. Kapitel:

Zu Gast bei Eros

~

»Mein Gatte, mein Bruder, mein Freund! Werde nicht müde des Essens, des Trinkens, des Rausches, der Wollust.« (Altägyptische Grabinschrift im Tal der Königinnen)

Essen und Sex, daran lässt sich nicht rütteln, sind das, was die Weltgeschichte bewegt, die Gattung Mensch erhält, Lust und Leid, Kunst und Krieg provoziert hat; die Symbiose zwischen kulinarischen und erotischen Genüssen ist ebenso unbestritten, genauso wenig wie die Tatsache, dass bestimmte Speisen nicht nur am Gaumen, sondern auch an anderen Körperteilen ein angenehmes Kitzeln bewirken können und umgekehrt ausgiebiges Liebesspiel den Appetit anregt.

Gefräßigkeit und Lüsternheit gehen Hand in Hand und verfolgen beide das gleiche Ziel: das Überleben zu sichern. Eine archetypische Erfahrung und die erste, die der Mensch in seinem Leben macht. Gleich nach der Geburt wird das Verlangen nach der Mutterbrust laut. Eine tief erotische Prägung, die den Instinkt lenkt, seit wir das erste Mal schmatzend am mütterlichen Busen sogen. Männer, so scheint es zweifelsohne, sehnen sich zeitlebens danach zurück; Frauen, von der Natur mit etwas mehr Einfallsreichtum gesegnet, finden anderweitig Ersatz.

Die Suche nach Nahrungsmitteln, welche die enge Verbindung zwischen Appetit und Liebeslust noch besiegeln, indem sie Letztere steigern, trieb mitunter die kuriosesten Blüten. Viele orale Libidostimulanzien funktionierten einfach kraft reiner Placebowirkung: der feste Glaube erzeugte den angestrebten Effekt. Dieser stand vor allem unter dem Diktat der Optik. Was dem Penis ähnelte, musste dessen Standfestigkeit und steter Bereitschaft einfach zuträglich sein. Und so gerieten Spargel, Meerrettichwurzeln, Möhren und die vielen anderen Phallusformen der Natur zu essbaren Dildos für die Damen und zu Potenzmitteln für die Herren. Für die Lustmaximierung des weiblichen Geschlechts sorgte entsprechend, was Assoziationen mit der Vagina hervorrief. Rosé- und fleischfarben, samtig und feucht – die Mango etwa, um nur ein Beispiel zu nennen.

Im Bemühen, die sexuelle Begierlichkeit zu steigern, war man nicht nur sehr kreativ, sondern auch recht freizügig. Das Paradebeispiel sind die mittelalterlichen Badestuben, aus denen die späteren Bordelle hervorgingen. In den Nassräumen wurden aphrodisierende Speisen und Getränke nackt verschlungen und körperliche Gelüste ohne Scheu und Kompromisse ausgelebt. Wer sich zum erotischen Mahl zusammenfand, tat dies in der Badestube – hatte er keine eigene, dann eben in der öffentlichen.

Einer der Hauptprotagonisten der sinnlichen Nähe von Essen und Erotik war Giacomo Girolamo Casanova (1725–1798). Er verdankte, wie er selbst zugab, so manche seiner zahlreichen Errungenschaften der Bestechlichkeit femininer Geschmacksnerven. Denn führte Galanterie allein nicht zum Ziel, ebnete sich Casanova mit kulinarischen Genüssen den Weg ins Bett der Auserkorenen. In seinen Lebenserinnerungen ›Histoire de ma vie‹, verfasst im nordböhmischen Schloss Dux, wo Casanova die letzten zehn Jahre seines Lebens als Bibliothekar des Grafen Waldstein fristete, finden sich zahlreiche Berichte über delikate Abenteuer bei Tisch und über solche darunter.

Statt des Dîner à deux, wie der Venezianer es zelebrierte, eignen sich auch Gelage mit mehreren Essern, um die Sicherungen der Keuschheit durchbrennen zu lassen. Nie jedoch, so die Großmeister der Liebeskunst, sollte das Tafeln zu üppig ausfallen: »Es gehört zu den schlimmsten Dingen, die man seinem Körper antun kann, dass man sich überisst. Wir täten alle besser daran, weniger Zeit bei Tisch und mehr Zeit auf dem Liebeslager zu verbringen«, rät beispielsweise das ›Tao der Liebe‹. Und auch die aristotelischen ›Problemata‹ empfehlen zur Förderung des sexuellen Appetits, ausgiebig zu frühstücken und leicht zu Abend zu essen. Weitere Anstrengungen werden nicht angeraten; meist sind die einfachsten Mittel eben die besten.

Das Prinzip der Einfachheit gilt ohnehin in der erotischen Küche: Des Koches Streben sollte sich auf ein leichtes Mahl richten, das nicht satt macht, sondern die Lust auf mehr weckt. Denn die finale Befriedigung kommt nach Tisch.

Kostproben aus Aphrodites Kochbuch

»Liebe und Nahrung sind für Leben und Gesundheit gleich wichtig.« (Aus dem ›Tao der Liebe‹)

Wenn sich zwei so fundamentale Sinnesfreuden vereinen, liegt es nahe, dass die Menschheit im Laufe der Geschichte eine Unzahl an Speisen ersonnen hat, die nicht nur die Verdauungssäfte zum Fließen bringen sollen ...

Im Folgenden eine Auswahl altbewährter erotisierender Nahrungsmittel, um die Leidenschaft anzuheizen. Hieraus lässt sich ein Liebesmahl einfach zusammenstellen, indem man Gerichte wählt, die vorwiegend aus diesen Zutaten bestehen. Wer sich mehr vertiefen möchte und weitere Anregung sucht, um die hohe Kunst der kulinarischen Verführung am heimischen Herd aufs Exempel zu stellen, sei auf entsprechende Kochbücher verwiesen, von denen in den letzten Jahren einige sehr inspirierende auf den Markt gekommen sind; eine Auswahl ist im Anhang genannt.

Die genannten Rezepte sind für zwei Personen angelegt; für Orgien braucht man sie der Anzahl der Teilnehmer entsprechend nur zu vervielfachen. Die einzelnen Gerichte sind einfach und rasch zubereitet – auf dass der Gast nicht so lange warten muss.

Austern sind die Krone der aphrodisischen Küche. Casanova hat zeitgenössischen Berichten zufolge fünfzig an der Zahl auf einmal konsumiert, um seinem Glied, dem er bekanntlich einiges abforderte, durch den Proteinschub die nötige Standfestigkeit zu verleihen. Er verzehrte die Meerestiere gleich im Bett, unter den Augen der jeweiligen Gespielin – diese bekam so einen Vorgeschmack auf das, was ihr nun bevorstand. Die französischen Monarchen sollen es auf die ebenfalls noch stattliche Zahl von dreißig Austern auf einmal gebracht haben.

Genießen sollte man sie auch heute wie zu Casanovas Zeiten mit nichts anderem als Champagner und Zitronen. Aber auch unten stehendes Rezept lohnt einen Versuch.

Salat von Austern

> 12 frische, aus der Schale gelöste Austern
> 2 EL Olivenöl
> Saft 1/2 Zitrone
> frisch gemahlener weißer Pfeffer
> Meersalz
> 2 EL Kapern, eingelegt (aus dem Glas)
> 3 EL Vinaigrette

Boden deckend Wasser in einen Topf geben und die Austern darin bis zum Siedepunkt erhitzen. Dann mit einem Löffel herausnehmen und in einem Sieb abtropfen lassen. Die Austern in eine flache Schüssel legen, Olivenöl, Zitronensaft, je 1 Prise Pfeffer und Salz darüber streuen und dies für 30 Minuten in den Kühlschrank stellen. Jetzt ist die beste Gelegenheit für ein stimulierendes Bad oder vielleicht auch einen kleinen Übungslauf ... Danach die Austern aus dem Kühlschrank nehmen, vorsichtig mit den Kapern vermengen und servieren – vielleicht auch nach Casanovas Manier im Bett.

Avocado

In ihrer Heimat Mexiko wurde sie von den Azteken »Ahuacatl« genannt, was übersetzt Hoden heißt. Anderen Übersetzungen zufolge soll diese aztekische Bezeichnung »die viel Wasser in sich hat« bedeuten. Wie dem auch sei, die Früchte des Avocadobaumes dienten den mittelamerikanischen Ureinwohnern als probates Mittel zur Förderung der Liebeskraft.

Die aphrodisierenden Effekte der Avocado gehen überwiegend auf ihren hohen Gehalt an Vitaminen und Mineralien zurück. Die Butter der Tropen, wie die grünen Früchte ihres beachtlichen Fettgehaltes wegen auch genannt werden, gibt schlichtweg die nötige Energie zum ausgiebigen Genuss sexueller Freuden. Wer die beträchtlichen Kalorien scheut, muss sich das Avocadofruchtfleisch nicht unbedingt einverleiben. Hier ein Rezept, das innerlich wie äußerlich ein Genuss ist:

Guacamole

1/2 grüne Chilischote, gehackt
1/2 Zwiebel, gehackt
1/2 TL Salz
1 mittelgroße, vollreife Avocado
frisch gemahlener schwarzer Pfeffer

Chili- und Zwiebelstückchen in einer Schüssel mit dem Salz zu einer Paste mischen. Die Avocado halbieren, das Fruchtfleisch herauslöffeln und mit der Chilimischung verrühren. Mit Pfeffer abschmecken und umgehend servieren.

Champagner

Was erotische Gefühle erweckt, hat die Kirche stets und entschieden verteufelt. Paradoxerweise entstammt vieles, was die Leidenschaft entfacht, dem lebenslustigen Einfallsreichtum von Klosterbrüdern und -schwestern. So auch in diesem Fall. Das unvergleichliche Kitzeln am Gaumen und die prickelnden Perlen, die wie aus einem unsichtbaren Geysir gegen den Glasrand trudeln, hat die Welt dem Benediktinermönch Dom Pérignon zu verdanken. Was der französische Ordensmann, von 1668 bis 1715 Kellermeister der Abtei Hautvilliers bei Épernay, dem heutigen Sitz der Firma Moët et Chandon, mittels raffinierter Kellertechnik und ausgeklügelter Vinifizierung kreierte, findet bis heute weltweiten Anklang.

Die Luxusbrause wird einerseits geliebt wie die Sünde, andererseits verachtet wie dieselbe: Den einen verhilft sie zu sinnlichen Höhenflügen, für die anderen ist sie das Getränk der leeren Versprechungen und falschen Liebesschwüre. Der moussierende Rebensaft, Resultat vielfachen »Rüttelns«, Méthode Champenoise genannt, steht dem Wein, seinem stillen Bruder, in aphrodisierender Hinsicht jedenfalls in nichts nach.

Garnelen in Champagner

> 10 kleine frische, geschälte Garnelen
> 1/2 Tasse Champagner
> 1/2 ungespritzte Zitrone
> Salz und Pfeffer
> 1/2 vollreife Avocado

Die Garnelen 5 Minuten mit 1/2 Tasse Champagner, der abgeriebenen Schale der halben Zitrone und etwas Salz auf kleiner Flamme kochen. Währenddessen das Fruchtfleisch der Avocado mit einer Gabel zu Mus zerdrücken, mit dem Saft der Zitrone verrühren und mit Salz und Pfeffer abschmecken. Die Garnelen aus der Kochflüssigkeit nehmen, im Sieb abtropfen und abkühlen lassen, dann jeweils auf Zahnstocher spießen. Mit dem Avocadomus und Weißbrot servieren und dazu, was sonst, den Rest des Champagners trinken.

Eier

Ob von Henne, Strauß- und Wachteldame oder anderem Federvieh: Eier, seit der Frühzeit Symbol für Fruchtbarkeit, stehen für Manneskraft und Fleischeslust. Unter der Schale verbirgt sich Protein in hohen Mengen, bekanntermaßen dem Liebestrieb sehr zuträglich. Schließlich setzen sich die Säfte der Wollust, insbesondere die männlichen, überwiegend daraus zusammen. Und so sind, ungeachtet Kultur und Epoche, Eier, roh geschlürft und mal mit etwas Cognac, mal mit scharfen Gewürzen versetzt, das Mittel der Wahl, um erlahmte Lenden zu stärken und die Männlichkeit wieder aufzurichten. »Wer sich mehrere Tage von Eiern ernährt, wird sehen, dass die Kraft seiner Erektion und seine Fähigkeit zum Koitus gesteigert wird. Sein Glied wird so steif sein, dass es scheint, als könne es nie wieder in den Ruhezustand zurückkehren.« So weit einige Zeilen aus dem ›Garten der Düfte‹, die an der Potenz des Eies keinen Zweifel lassen.

Die Lust auf Eierspeisen ist inzwischen etwas verdorben, seit die Medizin festgestellt hat, dass diese den Cholesterinspiegel in die Höhe treiben. Den sinnlichen Freuden zuliebe sollte man sich jedoch keine allzu großen Zwänge auferlegen lassen.

Feige

Aufgrund ihrer Form und Farbe waren Feigen in der Antike Sinnbild für Fruchtbarkeit und körperliche Liebe – die liebste Speise des Eros. Nicht umsonst war es ein Feigenblatt, mit dem die aus dem Paradies Vertriebenen ihre Nacktheit bedeckten, und nicht von ungefähr titulieren einige Sprachen die weibliche Scham als »Feige«. Die süßen Früchte gehörten mit Granatäpfeln und Weintrauben zu den kultischen Nahrungsmitteln bei den ausschweifenden dionysischen Gelagen im antiken Hellas.

Geeiste Feigen

2 Kugeln Walnusseis (fertig gekauft)
4 frische, halbierte Feigen
2 EL Grand Marnier oder Amaretto
Mark 1/2 Vanilleschote
1 EL hochwertiger Honig

Je 1 Kugel Eis mit je 4 halbierten Feigen auf einem Teller anrichten, je 1 EL Likör und die Hälfte des mit dem Honig vermischten Vanillemarks darüber geben und servieren.

Granatapfel

»Der Granatapfelbaum spricht: meine Kerne gleichen ihren Zähnen, meine Frucht ihren Brüsten. Ich bin der Beste des Baumgartens, weil ich zu jeder Jahreszeit bleibe. Die Geliebte und ihr Geliebter wandeln unter meinen Zweigen, trunken von Wein und Süßwein, gesalbt mit Öl und Balsam.« (Aus dem altägyptischen Papyrus Turin)
Zeilen, die belegen, wie lange dem Granatapfel bereits der Ruf eines Aphrodisiakums vorauseilt – seit dem Altertum ist der Granatapfelbaum auf das Engste verbunden mit Erotik und unerschöpflicher Libido. Er war den Patronen von Liebeslust und Wollust, Aphrodite und Dionysos, geweiht, was den Genießern seiner Früchte unerhörte sinnliche Erlebnisse garantieren sollte.

Honig

Süß wie Honig ist die Lust, und ebenso süß schmeckt die oder der Geliebte. Bereits im Alten Testament, im Hohelied Salomons, träufelt Honigseim von den Lippen der Braut. Das Produkt emsigen Bienenfleißes ist nicht nur eine der wichtigsten Arzneien der Menschheit, sondern auch eines der ältesten Aphrodisiaka und Potenzmittel.

Plinius der Ältere, dem Honig die »Himmelsmedizin« war, berichtet, dass dieser, auf die Genitalien aufgetragen, die Lust auf Fellatio und Cunnilingus fördere. Diese äußerliche Anwendung des Honigs empfiehlt sich nicht nur für die intimen Regionen, sondern für den gesamten Körper – obendrein pflegen solcherlei Spielchen auch die Haut, und die Zungenspitze ersetzt eine Massage.

Innerlich verabreicht, kurbelt der hohe Gehalt an Mineralstoffen und Vitaminen im Honig die Bildung von Geschlechtshormonen an, und der reichlich vorhandene Fruchtzucker gibt rasch verbrauchte (Liebes-)Energie zurück. Ein Argument mehr, sich zwischendurch mit einem kleinen Honigdessert, aus intimen Kelchen geleckt, zu stärken. Eine probate Mixtur ist der Ginseng-Honig, für den man drei Esslöffel Ginsengpulver in ein Glas (500 g) hochwertigen Honigs unterrührt. So hat man zwei Liebesmittel in einem.

Nebenbei bemerkt, wurde Honig im alten Ägypten auch zur Empfängnisverhütung verwendet – die Damen führten hierzu ein mit Honig getränktes Stück Leinen gleich einem Tampon in die Scheide ein. Eine Methode, der sich die bekannte Schauspielerin Mae West 3000 Jahre später gleichfalls bediente. Diese Art der Vorsorge ist ganz und gar nicht abwegig, denn wie die Wissenschaft heute erkannt hat, besitzt Honig tatsächlich eine leicht Spermien abtötende Wirkung.

Wenn vom süßen Bienennektar die Rede ist, darf der aus Honig und Wasser vergorene Met nicht fehlen. Denn der Honigwein ist ein exzellentes Stimulans für die Libido, vor allem für die männliche: Er soll derart potent machen, dass der Betreffende mehrere Frauen hintereinander beglücken kann.

Kaffee

Kaffee ist Treibstoff des Intellekts wie der Libido, denn Kaffee stimuliert nicht nur die geistigen Kräfte, sondern auch die sexuellen. Vermutlich zu Zeiten Mohammeds gelangte die Kaffeebohne nach Südarabien, von wo aus der Brauch des Kaffeetrinkens im triumphalen

Siegeszug die gesamte arabische Welt eroberte. Bis Kaffee im Abendland bekannt wurde, schrieb man bereits das Jahr 1601. Ab dann breitete sich der Kaffeegenuss wie ein Lauffeuer in ganz Europa aus. Heute ist Kaffee neben Tee das weltweit bedeutendste Getränk.

Die aphrodisierende Wirkung von Kaffee geht auf seinen Hauptinhaltsstoff Koffein zurück, ein Alkaloid, das allgemein anregt und stimuliert – auch die Liebeslust. Soll dieser Effekt verstärkt werden, ist es in den arabischen Ländern üblich, Kaffee mit Kardamom versetzt und stark gesüßt zu trinken; das Rezept hierzu findet sich auf S. 146.

Kakao

Viele altamerikanische Mythen erzählen von der himmlischen Herkunft des Kakao, und so tauften die Botaniker den Kakaobaum »Theobroma«, »Speise der Götter«. Bereits bei den Ureinwohnern der mexikanischen Heimat des Kakaobaumes waren Kakaobohnen und das daraus bereitete pikante Getränk »Kakahuatl« ein geschätztes Aphrodisiakum. Von dem letzten Azteken-Herrscher Montezuma ist überliefert, dass er in »goldenen Bechern ein gewisses Kakaogetränk, dem man die Wirkung eines Liebeselixiers nachsagte« trank, bevor er sich in seinen Harem begab.

Mit den Konquistadores kam das »Manna von Caracas« schließlich in die Alte Welt. Hier wurde Kakao ebenso zum begehrten Liebesmittel und teuerst gehandelt. So schreibt der britische Botaniker William Cole (1626 – 1692) über die heiße Schokolade: »Von wunderbarer Wirkung für die Zeugung von Kindern; denn sie regt nicht nur Venus heftig an, sondern bewirkt bei Frauen auch die Empfängnis.« So viel Erotik musste auf Missbilligung seitens des Klerus stoßen. Die Götterspeise geriet zur »Versuchung des Teufels« und war als solche für den guten Katholiken tabu. Dass die süße Variante des Kakaos, wie wir ihn heute kennen, ein Rezept spanischer Nonnen aus dem 16. Jahrhundert war, beeindruckte die Geistlichkeit wenig, und so schlürfte sie lieber selbst, was sie ihren Schäfchen versagte.

Eine erotische Aura umgibt den Kakao und seine feste Form, die Schokolade, noch immer, und sie zählen zu den beliebtesten Lustmitteln. Heute ist bekannt, warum: Theobromin, der Hauptwirkstoff im Kakao, löst die Freisetzung von körpereigenen Luststoffen, den Endorphinen, aus. Ebenso enthält Kakao Phenethylamin. Ein Stoff, der vom Gehirn vermehrt ausgeschüttet wird, wenn man über beide Ohren verliebt ist.

Genau das ist es, was jene suchen und brauchen, die sich die »teuflische Versuchung« auf der Zunge zergehen lassen – nicht umsonst schnellt die Lust auf Schokolade in Zeiten des Trübsinns, so auch bei Liebeskummer, signifikant in die Höhe.

Mousse au Chocolat

> 200 g gute Zartbitterschokolade (mindestens 60 % Kakaogehalt)
> 3 EL Espresso
> 2 Eigelb
> 2 geschlagene Eiweiß
> 1/2 Becher geschlagene Sahne

Im Wasserbad die Schokolade im Espresso schmelzen lassen, das Eigelb zugeben und kurz mit dem Mixer verquirlen. Schokomasse abkühlen lassen, das Eiweiß und die Sahne vorsichtig unterheben, in Gläser füllen und kühl stellen.

Kaviar

Die kleinen runden, je nach Abstammung mal schwarzen, mal roten Fischeier gehören mit zum Teuersten, was die erotische Hausapotheke zu bieten hat. Sein enormer Marktwert macht Kaviar noch aphrodisierender – der alten Gesetzmäßigkeit folgend, dass das, was nur begrenzt zu haben ist, umso begehrenswerter wird. Der Rogen vom Stör, je nach Größe und Art Beluga, Ossetra oder Sevruga, ist jedoch, Preis hin oder her, alles andere als Nepp: Seine in der Tat beachtliche stimulierende Wirkung auf die Libido entschädigt vollauf für den finanziellen Aufwand.

Knoblauch

Die pikanten Knollen können auf eine lange Tradition zurückblicken. Sie waren bereits im dritten vorchristlichen Jahrtausend als Gewürz, Arznei und Liebesmittel gleichermaßen beliebt. Im alten Ägypten wie auch später in Rom war Knoblauch ein Hauptbestandteil des täglichen Speiseplans der ärmeren Bevölkerung. Man stelle sich die Knofelduft geschwängerte Luft vor, die in den engen Gassen der antiken Städte hing – jeder Atemzug voller aphrodisischer Kraft, die allerdings die weniger lustvollen Gerüche jener Zeiten wieder ausgeglichen haben dürften. Die Römer weihten die erotischen Zehen ihrer Fruchtbarkeitsgöttin, Ceres, und die Dienerinnen in deren Tempeln brauten daraus Liebestränke.

Spaghetti aglio e olio

250 g Spaghetti
6 Knoblauchzehen, geschält und fein zerhackt
reichlich Olivenöl
1 Bund gehackte Petersilie
1 Chilischote
frisch im Mörser gestoßener Pfeffer
Salz

Den Knoblauch im Olivenöl bei schwacher Hitze goldbraun dünsten, dann Petersilie, Chilischote, 2 EL vom Spaghettikochwasser und gleich danach die in Salzwasser al dente gekochten Spaghetti dazugeben, gut vermischen und sofort servieren; mit Salz und Pfeffer würzen. Ein Tipp nebenbei: Spaghetti lassen sich nicht nur um die Gabel wickeln.

Meeresfrüchte

Was sich unter der Wasseroberfläche der Meere so alles tummelt, gilt traditionell als bestens dazu angetan, die sexuellen Gelüste zu stärken. Schließlich ist Aphrodite selbst dem Meer entstiegen. Und so sind die Meeresfrüchte, bei denen es sich eigentlich um Tiere handelt, unerlässliche Zutaten der erotischen Küche. Garnelen oder Krabben, Tintenfische oder Venusmuscheln – alles ist optimal zur Anregung der Lust; wie natürlich auch die schon erwähnten Austern.

Garnelenspieße

Saft 1/2 Zitrone
1/2 Bund frische Petersilie, gehackt
2 Knoblauchzehen, gehackt
1/2 TL Salz
2 EL Olivenöl
300 g geschälte Garnelen (vom Fischhändler oder tiefgefroren)
Holzspieße, je nach Länge 6 – 8 Stück

In einer Tasse Zitronensaft, Petersilie und Knoblauchzehen mit Salz und Olivenöl verrühren. Die Garnelen auf die Holzspieße schieben und von beiden Seiten dünn mit der Zitronen-Öl-Marinade bestreichen. Die Spieße nebeneinander in eine große, tiefe Pfanne legen und unter mehrmaligem Wenden bei mittlerer Hitze knusprig braten. Sobald die Spieße fertig sind, auf einer Platte anrichten und die restliche Marinade darüber träufeln.

Möhren

Auch Möhren gehören zum Repertoire der erotischen Küche, doch das Einzige, was dies zu rechtfertigen vermag, ist ihre Form. Auch wenn diese, einige Prachtexemplare ausgenommen, im Vergleich zum Original einen recht dürftigen Ersatz bietet. An dem muss aber trotz allem etwas dran sein, denn Möhren werden auch »Witwentrost« genannt.

Dioskurides und andere antike Heilkundige waren jedenfalls fest davon überzeugt, dass die hellroten Wurzeln, frisch verspeist, »zum Beischlaf reizen«, und verordneten sie auch geraspelt als Einreibung, um das maskuline Standvermögen zu festigen.

Pilze

Das Dekor einer Schale aus dem antiken Hellas zeigt eine junge Frau, die senkrecht aus der Erde ragende, eigentümliche Gewächse begießt – Zwitterwesen aus Pilz und Phallus, und dem Betrachter ist die Entscheidung überlassen, welcher Deutung er den Vorzug gibt.

Zweifelsohne ist an den Hutträgern vieles erotisch: die phallische Form, der Geruch – eine Mixtur aus Waldluft, feuchter Erde und Mann –, die Konsistenz, die, kaum hat die Zunge mit ihr Kontakt, Erinnerungen an wollüstige Momente weckt.

Pilze, auch nur ganz schlicht in Olivenöl geschmort und mit ein wenig Salz, Pfeffer sowie bestenfalls Knoblauch verfeinert, verfehlen ihre Wirkung nicht. Mit dem Selbersammeln ist es allerdings so eine Sache. Um nicht Gefahr zu laufen, dass dieses Liebesmahl das Letzte im Leben war, empfiehlt es sich, die »Penisse der Erde« auf dem Markt zu pflücken.

Den Trüffeln, was Aroma und erotisches Potenzial anbelangt die delikatesten unter den Pilzen, ist aus gutem Grund ein eigener Abschnitt gewidmet (siehe dort).

Sellerie

Bereits bei den alten Griechen und Römern hatten die Knollen den Ruf, ein gutes Aphrodisiakum zu sein. Tatsächlich ist es jedoch auch beim Sellerie eher die Sage, die ihm in Sachen Libidosteigerung so viel Berühmtheit eingebracht hat. Fakt ist, dass Sellerie gesund ist und kräftigt. Deshalb hat man ihm vielleicht auch irgendwann erotisierende Qualitäten angedichtet, welche über die Zeitläufte an ihm haften blieben.

Spargel

Hier besticht ganz klar die Form, denn die Stangen, besonders die weiß-roséfarbenen, erwecken, ohne dabei die Fantasie zu sehr bemühen zu müssen, Assoziationen zu Phalli.

Weg von der Form: »Wer viel Spargel isst, hat auch viele Liebhaber«, so heißt es im Volksmund. Am sinnlichsten ist Spargel, wenn man ihn mit der Hand genüsslich in den Mund hineinschlürft. Noch besser, man füttert sich gegenseitig damit. Da Spargel nicht portioniert werden muss (und darf) und auch nicht krümelt, kann er auch gut im Bett verspeist werden.

Das Einzige, was die erotisierende Wirkung dieses Gemüses trüben könnte, ist der starke Harndrang, der sich nach dem Genuss von Spargel einstellt und öftere Pausen für Toilettenbesuche erfordert.

Tee

»Die Welt hat sich in der Teeschale gefunden«: Tee ist jenes Getränk, das nach Wasser weltweit am häufigsten getrunken wird. Einer chinesischen Legende zufolge entdeckte der Kaiser Shen-Nung im Jahre 2737 v. Chr. die Vorzüge des Teegetränks, als einige Blätter von den als Brennmaterial verwendeten Teezweigen beim Abkochen von Flusswasser versehentlich in den Kochtopf fielen. Kein Märchen ist, dass Tee bereits weit vor der Zeitenwende eng mit der chinesischen, japanischen und tibetischen Kultur verknüpft war.

Aus den vergleichsweise saloppen Teerunden Chinas entwickelte sich im Land der aufgehenden Sonne eine eigene Form der geistigen Schulung: Chadô, der »Tee-Weg«, oft auch Cha-no-yû genannt. In der japanischen Teezeremonie vereinen sich verschiedene Fertigkeiten wie Architektur, Malerei, Gartengestaltung, Töpferei, Dichtkunst und der »Blumen-Weg« zu einem, würden wir heute sagen, Gesamtkunstwerk, an dem alle Sinne des Menschen teilhaben.

Tee spielt eine zentrale Rolle in den japanischen und chinesischen Liebeskünsten, und sein Genuss, vorzugsweise auch während des Aktes, gehört zu den erforderlichen Praktiken bei erotischen Ritualen. So findet sich unter den für unser Sprachempfinden so blumigen fernöstlichen Begriffen für Erotik und Sexualität auch der Tee wieder. Im ›Tao der Liebe‹ ist beispielsweise davon die Rede, dass der Mann auf dem Rücken liegt, die Frau über ihm sitzt und sich seinen »Teestößel« in ihren »Teemörser« schiebt. Auch waren die Teehäuser beliebte Örtlichkeiten für erotische Vergnügungen; nicht von ungefähr hatte jede Geisha in die Feinheiten der Teezeremonie eingeweiht zu sein – die guten sind es bis heute.

Ob »Schaum von grüner Jade« oder schwarzer Tee hängt von der Bearbeitung der Teeblätter nach ihrer Ernte ab: Für grünen Tee werden die Blätter nur getrocknet, für schwarzen hingegen durch Feuern oder Rösten fermentiert. Dabei gehen viele Wirkstoffe verloren, die im grünen Tee noch erhalten sind. Die Fermentation zerstört einige wertvolle Inhaltsstoffe, macht den Tee jedoch länger haltbar und wurde deshalb Mitte des letzten Jahrhunderts durch englische Teehändler eingeführt. Bis dahin hatte die Menschheit immerhin fast dreitausend Jahre ausschließlich grünen Tee getrunken.

»Tee regt den Geist an, beruhigt das Gemüt, lässt Gedanken aufkommen und verhindert Schläfrigkeit. Er erhält und erfrischt den Körper und klärt die wahren Kräfte«, so eine altchinesische Heilschrift. Dies geht vor allem auf das im Tee enthaltene Koffein zurück, das anregend auf das zentrale Nervensystem und auch auf die Libido wirkt. Daneben enthält Tee auch Theobromin, den Luststoff des Kakaos.

Grüner wie auch schwarzer Tee sollte stets aus kontrolliert biologi-

schem Anbau stammen; ansonsten besteht die Gefahr, dass er stark
mit chemischen Mitteln belastet ist.

Trüffel

In längst vergangenen Tagen wie auch heute bewähren sich die teuer
gehandelten Knollen als erotisches Stimulans – zigfach erprobt und
mit den besten Referenzen. Denn unter den Verehrern der »Hoden
der Erde« finden sich zuhauf herausragende Persönlichkeiten der
Weltgeschichte. So manchem Trüffelfan war und ist ein gewisser Fa-
natismus nicht abzusprechen – der hat seinen guten Grund, wie wir
heute wissen: Im charakteristischen Trüffelaroma ist ein Duftstoff
enthalten, der einem sexuellen Lockstoff entspricht, dem Androstenon. Er macht die Sau empfänglich für den Eber, und er ist die einzige
Motivation der Heerscharen von Trüffelschweinen, sich die Nase an
der Erde wund zu wetzen und nach Pilzen zu wühlen, die ihnen der
Mensch zu guter Letzt entreißt ...

Besagtes Androstenon sendet auch beim Menschen, wie jüngst
durch die Forschung bestätigt, eindeutige Signale an die Libido. Trüffel sind ein Muss für jeden, der es sich zum Ziel gesetzt hat, das Objekt
seiner Begierde kulinarisch zu erobern.

Tagliatelle mit Trüffel

250 g frische Tagliatelle
schwarzen oder weißen Trüffel, je nach Angebot und Geldbeutel;
Letzterer bestimmt auch über die Menge, die grammweise gehandelt wird (alternativ, jedoch nicht so wirkungsvoll: fertige Trüffelsauce aus dem Feinkostgeschäft)
2 EL kaltgepresstes Olivenöl
etwas Salz

In einem großen Topf Wasser mit 1 EL Olivenöl erhitzen und sobald
es kocht die Tagliatelle und etwas Salz hineingeben. Höchstens 3 Mi-

nuten im Wasser lassen, denn die Nudeln müssen »al dente« sein – sicherheitshalber probieren. Sind die Tagliatelle gerade bissfest, in einem Sieb abtropfen lassen und wieder in den Topf füllen. Den Rest Olivenöl vorsichtig unter die Nudeln mischen und diese dann auf zwei vorgewärmten Tellern verteilen. Am Tisch den Trüffel darüber hobeln oder die Trüffelsauce unterrühren. Dazu einen Rotwein, beispielsweise Barolo oder Dolcetto d'Alba aus dem Piemont, der zwei bis drei Stunden vor seinem Genuss geöffnet werden sollte.

Wein

»Wein, Weib und Essen erfreuen das Herz. Wer sie genießt ohne viel Aufhebens, wird in der Öffentlichkeit nicht getadelt. Wer eines von ihnen entbehrt, ist ein Feind seines Körpers.« (Aus dem Papyrus Leiden, Weisheitsbuch)

»Erfreuend für Götter und Menschen …« ist der Weinstock und mehr noch der aus seinen Früchten vergorene Saft. Er ist auf das Engste mit der menschlichen Kultur verwoben; auch mit deren Liebesleben. In Strömen floss der Wein in den Dichtungen Homers, er wurde den Göttern geopfert, ist messianisches Sinnbild des ewigen Lebens, und bis heute trinkt man ihn beim Abendmahl symbolisch als Blut Christi.

In der griechischen Mythologie setzte Dionysos, Gott des Rausches und der Wollust, höchstpersönlich die ersten Rebstöcke. Zu seinen Ehren wurden in der Antike über Tage während, ausschweifende Bacchanalien gegeben: Wein war außer ein Universalheilmittel auch ein vielfach angewandtes Aphrodisiakum. Die so genannten Symposien der Hellenen, im Zuge derer ein Großteil der antiken Philosophie entstand, waren Trinkgelage. Es wurde zwar auch philosophiert, doch im Mittelpunkt stand der Wein, dem eifrig zugesprochen wurde. Die drastischen Folgen übermäßigen Weingenusses, die man offensichtlich für darstellungswürdig hielt, kann die Nachwelt anhand bemalter Trinkschalen aus dieser Zeit anschaulich nachvollziehen; so beispielsweise beim berühmten »Speienden Zecher«, entstanden um 490 v. Chr. und zu bewundern in der Antikensammlung Berlin.

Da ehrbare Frauen von den Symposien ausgeschlossen waren, ersetzten Hetären, was in dieser Hinsicht fehlte: Den Darstellungen zufolge muss es sich bei den Symposien um teils wilde Orgien gehandelt haben. Die nötige Geilheit hatte man sich ja bereits amphorenweise angetrunken...

Auch im Land der Pharaonen servierte man den Rebensaft zu allen erdenklichen Gelegenheiten. Weinselige Trunkenheit scheint angesichts altägyptischer Trinksprüche als durchaus erstrebenswerter Zustand gegolten zu haben: »Trinke und sei nicht verdrießlich. Trinke bis zur Trunkenheit. Berausche dich Tag und Nacht und höre nicht auf. Sei froh ohne Kummer.« Nicht mindere Wertschätzung wurde Wein auf dem fernen indischen Subkontinent zuteil: Hier war der Rebstock wie auch der gegorene Saft seiner Früchte dem Gott Shiva geweiht, dem indischen Pendant zum abendländischen Dionysos.

Wein an sich ist bereits aphrodisisch wirksam, doch um dessen Kräfte zu potenzieren, setzte man früher noch allerlei Rausch erzeugende Pflanzen zu. Beliebt waren Alraune wie auch Bilsenkraut, Hanf und Opium. Solcherart »gewürzte« Weine erfreuten sich bis weit in die Renaissance hinein größter Beliebtheit.

Die Libido stimulierenden Effekte des Weins gehen überwiegend auf den Alkohol zurück, sind allerdings in hohem Maße abhängig von der Dosis. Zu viel des guten Tropfens bewirkt, besonders bei männlichen Zechern, genau das Gegenteil und lässt diese und ihr bestes Stück erschlaffen. »Der erste Krug ist für die Gesundheit, der zweite für die Liebe und das Vergnügen, der dritte für den Schlaf. Der vierte gehört zur Maßlosigkeit, der fünfte ist voll von Schreien, der sechste lässt schwärmen und grölen, der siebte bringt blau geschlagene Augen, der achte ruft den Gerichtsdiener, der neunte ist voll Zorn und Ekel, der zehnte bringt den Wahnsinn und lässt straucheln.« – Dies zur sinnvollen Dosierung des Weins aus der Komödie ›Dionysos‹ (4. Jhd. v. Chr.).

Experten für erotische Esskultur in Hellas ergehen sich ausgiebig über jene Nahrungsmittel, die der Lust zum »Beischlaf« förderlich sind. Weit vorn rangierten die Zwiebeln: In den ›Ekklesiazusen‹ von Aristophanes raten die alten Weiber, die Sex von einem jungen Mann fordern, diesem, eine ganze Schüssel Zwiebeln auf einmal hinunterzuschlingen. Auch im Orient schwor man auf die aphrodisierenden Qualitäten der scharfen Knollen, und Sheiks wie Kalifen versäumten nicht deren Genuss vor dem Gang in den Harem.

Vom Verzehr von rohen Zwiebeln ist, sofern sie erotischen Zwecken dienlich sein sollen, besser abzusehen. Gedünstet sind sie geruchsärmer und auch bekömmlicher. Überhaupt wird mancher an diesem Liebesmittel wenig Freude haben. Denn Zwiebeln führen bei einem empfindsamen Verdauungssystem leicht zu Blähungen und anderem, dem Liebesspiel abträglichen Ungemach.

Zwiebelsuppe

3 Tassen Gemüsebrühe
2 große, in Scheiben geschnittene Zwiebeln
etwas Zucker und gemahlene Nelken
einige Tropfen Sojasauce
3 EL geriebener Parmesan
2 Scheiben getoastetes Weißbrot
etwas Sonnenblumenöl

Zwiebelscheiben im Öl goldgelb braten, anschließend mit Brühe, Gewürzen und Sojasauce 10 Minuten kochen. Je 1 Toast in ein Schälchen geben, Suppe darauf gießen, mit Käse bestreuen und 10 Minuten im heißen Backrohr überbacken lassen. Mit Weißbrot und einem leichten Rotwein oder einem Rosé servieren.

Eine Reihe flüssiger Aphrodisiaka sind bereits genannt worden; hier noch einige Empfehlungen.

Vorab zum Espresso: Er sollte im Dienst der Libido mit Schokolade serviert werden, denn diese ist wie erwähnt ein exzellentes Aphrodisiakum. Soll es besonders anregend für die Sinne sein, greife man zu Kardamom: Je 1 Teelöffel gemahlenen Kaffee oder Espresso mit 1 Teelöffel gemahlenem Kardamom mischen, wie gewohnt zubereiten und nach Belieben Milch und Honig hineingeben.

Altbewährt ist der »Aztekische Kakao«, gewissermaßen der Urahn des Kakao, bei dem die erotisch stimulierende, wohlig entspannende Wirkung »von einst« besonders gut zum Tragen kommt. Hierfür lässt man 6 Esslöffel Kakao bester Qualität mit 2 Teelöffel Zimtpulver, 2 Messerspitzen Kardamom, dem Mark einer Vanilleschote und 1 Messerspitze Nelkenpulver in einem halben Liter Wasser fünf Minuten aufkochen. Dann abseihen und reichlich mit Honig süßen. Kaba und ähnliche Mixturen sind tabu, denn sie enthalten Unmengen an Zucker und so gut wie keinen Kakao.

Neben dem Eid, den die Mediziner bis heute in seinem Namen ablegen, hat Hippokrates uns auch ein Weinrezept hinterlassen, das er bei mangelnder Liebeslust verordnete: Dazu gibt man 1 Teelöffel gemahlenen Zimt, 1 Gramm Ingwerwurzel, je 1 Gramm gemahlenen Muskat und Nelken, 20 Tropfen Pomeranzenöl, 20 Milliliter hochprozentigen Alkohol und 100 Milliliter Ahornsirup auf 1 Liter kräftigen Rotwein. Einige Tage durchziehen lassen und in eine Karaffe umfüllen.

Gewürze – Zündflamme der sexuellen Glut

»Nimm eine Prise Anis, zerreibe ihn zu feinstem Pulver, färbe ihn und bereite mittels Honig eine Paste. Wenn man diese vor dem Koitus auf den Lingam aufträgt und dann so tief wie möglich bei der Frau eindringt, wird das Mittel einen Orgasmus hervorrufen und sie deinem Willen gefügig machen.« (Aus dem altindischen Ananga-Ranga) Würzmittel, »Aromata«, gelten seit langer Zeit als zündender Funke, der die Leidenschaft zu entfachen vermag. In der Würze liegt die Kochkunst und damit auch die Kunst der Verführung – früher wie heute.

Den meisten Gewürzen, allen voran den scharfen und pikanten, sagte man nach, sie hätten Hitze in sich und könnten somit das »innere Feuer« anheizen und die Liebeslust ins Wallen bringen. Scharfes macht scharf – das trifft besonders für Chili, Pfeffer, Ingwer und Meerrettich zu. Was bei Meerrettich nicht außer Acht gelassen werden darf, ist auch seine phallische Wurzel. Eine perfektere Kopie findet sich in der Pflanzenwelt kaum noch einmal.

Doch auch die weniger hitzigen Gewürze waren heiß begehrte Liebesmittel. So beispielsweise der Safran, seit dem Altertum seiner enormen aphrodisierenden Kräfte wegen gerühmt. Eine alte Sage erzählt, dass überall dort, wo sich Juno und Jupiter der Liebe hingegeben haben, aus ihren wollüstigen Ausdünstungen eine Safranpflanze erwuchs. Das hat überzeugt, und so hatte auch der Ärztevater Hippokrates aus Kos den Safran in seinem Repertoire, um der Manneskraft wieder aufzuhelfen. Plinius notierte in seiner ›Naturalis historia‹ wie folgt: »Safran bewirkt Schlaf, hat gelinde Wirkung auf den Kopf und reizt den Geschlechtstrieb.«

Auch die so harmlos erscheinende Petersilie hat eine libidonöse Vergangenheit, wurde sie doch bis zu Beginn des Mittelalters als aphrodisierende Hexenpflanze gehandelt. Straßen, in denen Prostituierte auf Freier warteten, wurden oftmals »Petersiliengasse« genannt.

Im ausgehenden Mittelalter setzte der immer mächtiger werdende Klerus dem freizügigen Umgang mit Gewürzen jedoch ein Ende. Aus und vorbei war es mit der Pikanterie, hinfort wurde geschmacklose Eintönigkeit gepredigt: Der Gebrauch von Gewürzen galt im christlichen Europa als verwerflich, ja geradezu als Werk des Antichristen selbst. Von den Kanzeln herab genehmigt waren lediglich Salz, Zucker und Essig, dieser vor allem seiner konservierenden Eigenschaften wegen. Die Aromata standen allesamt als »recht erregend für die Sinneslust und demgemäß schädlich« auf dem Index. Noch in einem Kräuterbuch aus dem Jahre 1843 ist zu lesen, dass Gewürze »die Geschlechtslust reizen und dadurch häufig Anlass geben zur Onanie, zu Ausschweifungen im Geschlechtsgenuss und die Selbstbeherrschung schwächen«. So war insbesondere all jenen, die im Zölibat lebten, das Würzen untersagt – schließlich wurde ihnen das Höchstmaß an Enthaltsamkeit abverlangt. Auf der Liste der verbotenen Würzmittel rangierte übrigens auch der Senf, dessen Genuss besonders Mönchen strengstens verboten war.

Im Orient und in der islamischen Welt hingegen blieb man dem Würzen gegenüber weiterhin aufgeschlossen. Wohl auch der erotisierenden Wirkungen wegen ist man diesbezüglich bis heute alles andere als zurückhaltend. In den Liebeslehren des Nahen und Fernen Ostens finden sich zuhauf Zubereitungen aus allerlei Gewürzen, die nicht nur zur innerlichen Anwendung gedacht waren. Das reichliche Salben des Penis mit dem Öl der Muskatnuss beispielsweise galt bis ins Mittelalter hinein als wirksames Mittel »zum Venushandel«. Ebensolches hatte die Empfehlung zum Ziel, Galgantwurzeln auf den Penis zu legen und sodann mittels Schnur zu fixieren. Eine Prozedur, die sich gelohnt haben muss: »Wer dies tut, ist zu zwölfmaligem Beischlaf fähig«, so verheißen alte Heilschriften.

Doch zurück an die Töpfe. Wer meinen sollte, dass Würzen eine aufwändige Angelegenheit ist, irrt. Der gekonnte Einsatz aromatischer Kräuter, Samen und Wurzeln ist zwar zweifelsohne eine Fertigkeit, die Übung und eine gewisse Kreativität erfordert. Doch um Geschmacksempfinden wie Liebesleben zu bereichern, bedarf es keiner extraordinären Zutaten. Bestes Olivenöl, guter Balsamessig, hochwertiger Senf und Bienenhonig sowie eine Handvoll Gewürze, die in unseren Breiten erhältlich sind, genügen bereits vollauf.

Welches die gebräuchlichsten, heimischen wie auch fremdländischen, erotischen Gewürze sind und wie diese, außer an Speisen gegeben, noch angewendet werden können, zeigt folgende Übersicht:

~

»Scharfe Aromata« von Anissamen bis Zimtöl

Gewürz	Anwendung
Anis	Einreibung der Genitalien mit den pulverisierten Samen und dem ätherischen Öl
Basilikum	Tee aus den frischen Blättern
Chili	Einreibung mit öligen Auszügen, Schoten essen
Galgant	Wurzelpulver auf die Genitalien auftragen
Ingwer	Wurzel pur kauen oder auskochen und als Tee
Kardamom	dem Kaffeepulver zugeben
Knoblauch	roh oder gegart essen, Einreibung der Genitalien mit geschälten Zehen
Koriander	als Gewürz
Liebstöckel	als Gewürz
Meerrettich	frisch gemahlen zur Einreibung der Genitalien
Muskatnuss	Genitalien mit dem ätherischen Öl einreiben, pulverisierte Nüsse essen
Nelke	kauen, Einreibungen mit dem ätherischen Öl
Petersilie	heißen Aufguss der Wurzeln trinken
Pfeffer	Einreibung der Genitalien
Rosmarin	Massage mit dem ätherischen Öl, als Badezusatz
Safran	als Gewürz
Senf	Einreibung der Genitalien
Süßholz	Tee aus dem Wurzelstock, Pulver essen
Vanille	Tinktur einnehmen, Massagen mit dem ätherischen Öl
Zimt	Massagen der Genitalien mit dem ätherischen Öl

~

Der Fantasie sind beim sinnlichen Treiben mit Gewürzen keine Grenzen gesetzt – es sei denn, es wird allzu scharf. Nachfolgend einige Rezepturen, die der Libido einheizen.

Gewürzbad zum Vorwärmen

Für ein Gewürzbad, das Durchblutung wie Libido anregt und den Körper wohlig durchwärmt, kocht man je 1 Handvoll Rosmarinkraut, Zimtstangen, Ingwerwurzeln sowie 1 Teelöffel gemahlene Muskatnuss zugedeckt für 10 Minuten in Wasser auf. Der Sud wird durch ein Sieb abgegossen und dem Badewasser beigegeben.

Als Variante nimmt man 2 Handvoll gemahlene Kalmuswurzeln, 1 Handvoll Zimtstangen und 12 Gewürznelken. Zubereitung wie Anwendung bleiben gleich. Zur Verstärkung der aphrodisierenden Wirkung kann man den Bädern noch jeweils 3 – 4 Esslöffel guten Bienenhonig zufügen. Mit den Händen im Wasser verrühren, damit sich dieser vollkommen auflöst.

Sizilianische Essenz

Rund 30 Tropfen der Essenz auf einem Stück Würfelzucker sind ein wirksames Elixier für die Sinne: auf 1 Liter 80-prozentigen Alkohol gibt man 4 Tropfen Muskatellersalbeiöl, je 10 Gramm Muskatpulver, Nelkenpulver und schwarzen Pfeffer, je 50 Gramm Kardamom und Galgant sowie 80 Gramm Zimtpulver. Einige Tage ziehen lassen, dann abseihen, in eine dunkel getönte Glasflasche füllen und bei Bedarf einnehmen.

Morgenlust

Aus dem Vorderen Orient stammt diese Zubereitung, deren Einnahme über mindestens eine Woche hinweg morgens vor dem Frühstück empfohlen wird, um erlahmte Manneskraft zu stärken. Aber auch für Frauen ist dieses Tonikum empfehlenswert. Dazu 3 Teelöffel gemahlene Ingwerwurzeln, 2 Teelöffel Süßholzpulver, 1 Teelöffel gemahlene Koriandersamen, 2 Teelöffel pulverisiertes Kurkuma sowie den frisch gepressten Saft 1 ungespritzten Zitrone und 1 rohes Ei (kann auch weggelassen werden) in ein Glas warmes Wasser geben. Alles gut verrühren und nach Geschmack mit Honig süßen.

7. Kapitel:

Die Künste des Begehrens

»Eine die Liebespraxis kennende Prinzessin wie auch die Tochter eines hohen Beamten bringt, auch wenn er einen Harem von tausend Frauen hat, den Gatten in ihre Gewalt. (...) Ein in den Künsten der Liebe bewanderter Mann, der beredt ist und schöne Worte macht, findet, auch wenn er noch fremd ist, in der Frauen Gemüt schnell Eingang.« (Kamasutra)

Während im Abendland die Liebeslust mit Beginn der Neuzeit von der christlichen Moral als sündig verdammt wurde, hat sich im fernöstlichen Kulturkreis über die Generationen hinweg ein natürlicher, beinahe spielerischer Umgang mit Erotik erhalten – das Erbe der seit Jahrtausenden geltenden und vor allem auch praktizierten These, dass Sexualität grundlegend für körperliches wie seelisches Wohlbefinden sowie für geistiges Wachstum ist. Körperliche Vereinigung als Weg zur Vollkommenheit ist eine allen östlichen Liebeslehren eigene Auffassung. Und so verfolgen die Empfehlungen von Kamasutra, Tantra und anderen bei weitem nicht nur gegenseitigen Lustgewinn, sondern berücksichtigen auch ethisch-gesellschaftliche und spirituelle Aspekte. Bei der Lektüre dieser Werke wie auch bei der Auseinandersetzung mit Geschichte und Tradition fernöstlicher Kulturen wird offenbar, dass sich hinsichtlich Sinnlichkeit und Erotik Welten zwischen Orient und Okzident auftun. Bis heute ist Sexualität in der westlichen Welt kulturell nicht wirklich integriert. Das mag insofern erstaunen, als der Mensch in den westlichen Industrienationen auf Schritt und Tritt durch Medien und Werbung massiv mit Lust und Liebe konfrontiert wird und sie tagtäglicher Gegenstand öffentlicher Diskussion sind. Doch die zu Markte getragene sexuelle Aufgeschlossenheit kann nicht darüber hinwegtäuschen, dass dem

Westen jene über Jahrhunderte gewachsene Basis fehlt, die dem fernöstlichen Kulturkreis seine Selbstverständlichkeit hinsichtlich Sexualität beschert hat.

Kamasutra und andere Weisheiten des Liebens

Im Indien des Goldenen Zeitalters, jener Epoche, in der Kamasutra und Tantra entstanden, herrschte die Moralauffassung, dass der Mensch sein Leben drei Dingen widmen sollte: dem Streben nach dem Guten, Dharma, dem Nützlichen, Artha, und dem Genuss, Kama. Bei den erwähnten Zielen, denen das menschliche Dasein dienen soll, kommt dem Sinnesgenuss und als Quintessenz Liebesgenuss die höchste Wertigkeit zu.

Mallanaga Vatsyayana, der Verfasser des Kamasutra, beschreibt Kama in seinem Werk als »Eintritt des Ergötzens an den jeweiligen Objekten durch Gehör, Haut, Sehen, Schmecken, Riechen, unter der Herrschaft des Geistes in Verbindung mit der Seele«. Und weiter als »speziell das erfolgreiche, zweckvolle Empfinden, das aus der besonderen Art der Berührung mit einem Lust gebenden Objekt als mit Wohlbefinden einhergehendes Selbstgefühl entsteht«. Aus Kama und Sutra, was Textabschnitt bedeutet, ergibt sich Kamasutra. Darin tritt die Kunst der Liebe und Verführung als Bestandteil des täglichen Alltags auf: Sinnlichkeit als elementare menschliche Erfahrung, Sex als essenziell für Wohlbefinden und Gesundheit und »als Voraussetzung für die Existenz dem Essen gleichwertig«. Dies war zu Vatsyayanas Lebzeiten freilich wenig spektakulär, sondern spiegelt vielmehr die Selbstverständlichkeit wieder, mit der Erotik und Sexualität im Indien der nachvedischen Zeit behandelt wurden. Die auf dem gesamten Subkontinent ausgelebte Lust an erotischen Freuden offenbart sich in unzähligen Skulpturen, Tempelreliefs und -malereien, denen der Indienreisende noch heute vielerorts begegnet.

Der alten hinduistischen Vorstellung, nach der sich ein Mensch auf dem Weg der Vervollkommnung befindet, wenn sein Körper zum erfahrenen und wohlklingenden Instrument des Begehrens und der Lust geworden ist, hat sich, mehr noch als das Kamasutra, das Tantra verschrieben. Der Tantrismus gewann im 5. Jahrhundert auf dem Subkontinent zunehmend an Einfluss. Die in den Schriften des Tantra niedergelegten Lehren richten sich gegen die orthodoxen Grundsätze der vedischen Epoche Indiens, vor allem gegen das Kastensystem, und heben den Unterschied zwischen den Geschlechtern auf.

Das Vademekum der Erotik

Im dritten Jahrhundert nach der Zeitenwende verfasste in Indien ein bis heute nahezu unbekannter Autor das Kamasutra – ein Meisterwerk der erotischen Literatur und zugleich das älteste Schriftgut, das der Nachwelt zu dieser »Disziplin« erhalten geblieben ist. Der Verfasser hat, nie auch nur annähernd obszön, sondern oftmals eher pedantisch-nüchtern, mit dem Kamasutra ein Werk geschaffen, das in seiner Einmaligkeit von ähnlichen Schriften zu dieser Thematik nie übertroffen wurde – das betrifft die Literatur innerhalb wie jenseits Indiens Grenzen.

Wenn eben von »Disziplin« die Rede war, muss erwähnt werden, dass die Kunst des Begehrens eine Fertigkeit ist, die der regelmäßigen Übung bedarf, um zur höchsten Vollendung und zu maximalem Genuss zu führen. Und so wurde das Kamasutra als praxisbezogener Leitfaden verfasst, der allerdings nie dogmatisch wird, sondern seinen Lesern stets Spielraum im wahrsten Wortsinn lässt. Denn »hat das Rad der Wollust sich in Bewegung gesetzt, dann gilt kein Lehrbuch mehr und keine Reihenfolge«. Wie sehr das Kamasutra von weltfremder Schulmeisterei entfernt ist, belegt auch diese Passage: »Da gibt es keinerlei Überlegen und kein Einhalten des Lehrbuches; wenn die Liebesvereinigung eingetreten ist, ist nur die Leidenschaft hier die Hauptsache. (...) Wie nämlich ein in die fünfte Gangart verfallenes Rennpferd auf dem Weg weder Pfeiler noch Grube oder Loch, blind vor Leidenschaft gewahrt, so handeln auch im Liebeswettstreit die beiden vor Leidenschaft blinden Verliebten, die beiden vor Leidenschaft Feurigen.«

Bemerkenswert ist auch, dass das Kamasutra sich sowohl an Männer wie Frauen richtet. Nicht nur, dass Frauen ebenso ein Anrecht auf sexuelle Lust und die Befriedigung dieser haben: »Da es keinen Unterschied der Gattung gibt, wird beiden Partnern eine ähnliche Wonne zuteil. Dennoch bemühe man sich bei der Frau, dass sie zuerst die Liebeswonne erlangt.« Frauen sollen vielmehr auch selbst in den Künsten der Liebe geschult sein, um so ihrerseits ebenso die Initiative ergreifen zu können.

Für den Okzident wäre Derartiges unvorstellbar gewesen. Hier wurde jedwede Erotik von der Kirche vehement bekämpft. Etwas sexuelle Aktivität musste der Klerus zwar immerhin zubilligen, sonst wären ihm seine Schäfchen ausgestorben, doch hatte die Befriedigung geschlechtlicher Begierden einzig und allein der Vermehrung der Christenheit zu dienen. Zu mehr nicht und schon gar nicht zum Vergnügen, ganz zu schweigen dem der Frauen. Dass diese so etwas wie eine Libido besitzen, ist eine Vorstellung, die auch in unserem Jahrhundert noch so manchem Kirchenvater fremd ist.

Wie es sich am besten paart

Wie praxisorientiert das Kamasutra ist, offenbart sich bei der Lektüre unter anderem darin, dass Frauen und Männer nach Größe ihrer Geschlechtsorgane verschiedenen Typen zugeteilt sind. Beginnend mit der kleinsten »Ausführung«, gibt es unter den Frauen Gazellen, Stuten und Elefantenkühe, während die Männer in Rammler, Stier und Hengst eingeteilt werden. Was sich am besten paart, sollte bei der praktischen Umsetzung dringend Berücksichtigung finden: Höchste Liebeserlebnisse sind Gazelle und Hengst vergönnt, mittelprächtig ergänzen sich Stier und Stute, Paarungen von Rammler und Elefantenkuh müssen sich hingegen mit geringeren Freuden begnügen.

Hat man sich, mal mehr, mal weniger passend, doch immerhin gefunden, besteht die Wahl unter zahllosen Stellungen, um sich gegenseitig zu erfreuen. Vergleichsweise einfach und bequem in »klaffender« oder »aufgeblühter« Stellung und mit der »Indra-Gattin«. Anspruchsvoller wird es beim »Bambusspalten« und »Speerdurchbohren« sowie bei der »Liebe im Hängestütz«, die eines gewissen Maßes an Gelenkigkeit und einer leichten Frau bedarf, soll der Mann noch Kraft für das Eigentliche haben.

Von Naturverbundenheit und eingehenden Studien in der Fauna zeugen Spielarten wie beispielsweise »Tigersprung«, »Elefantendrücken«, »Eberreiben« und »Katerspiel«. Hat der Mann mehrere Gespielinnen zur Verfügung, kann er mit ihnen den »Kuhherdenverkehr« vollziehen.

Nicht nur für die Körperhaltung, auch hinsichtlich Art und Weise des Vollzugs steht das Kamasutra mit Rat zur Seite: Außer dem üblichen »geraden Vorwärtsstoß« empfiehlt es dem Mann »Rühren« und »Dolch« sowie »Sperlingsspiel« und »Windstoß«. Für die Frau – sofern sie oben liegt – »Schaukel«, »Drehscheibe« und »Zange«. Beim Oralverkehr bringen »Mangosaftsaugen« und »Biss in die Seiten« am meisten Freude. Nicht ausgespart ist auch der Gebrauch von Lust steigernden Gerätschaften wie Dildos sowie Sex unter Männern, dem lange Textpassagen gewidmet sind. Lesbische Beziehungen waren zu Zeiten des Kamasutra hingegen tabu.

Von Interesse, besonders für uns Heutige ist, dass im Kamasutra Stress an vielen Stellen als pures Gift für das Liebesleben genannt wird. Sich Zeit zu nehmen für seine erotischen Bedürfnisse ist sicherlich eine der wichtigsten Botschaften Vatsyayanas an die Nachwelt.

Vatsyayana hat mit seinem Liebeslehrbuch ein zeitloses Gemälde lustvoller Körperlichkeit erschaffen, das als Entwurf für ein sinnlich-bewusstes Liebesleben bis heute nicht an Aktualität verloren hat. Das Kamasutra bietet gerade der modernen Gesellschaft im beginnenden dritten Jahrtausend, die sich zunehmend mit sexuellen Problemen und schwindender Lust konfrontiert sieht, wertvolle Denkanstöße und Lösungsansätze. Frei von esoterischer Verklärung, sondern »basierend auf menschlicher Vernunft« und »durch Wissen befestigte Urteilskraft«, wie Klaus Mylius im Nachwort seiner Übersetzung des Kamasutra schreibt, die zu den wenigen gehört, die den Orginaltext unverfälscht wiedergeben. Dennoch, so Mylius weiter, »verschweigt Vatsyayana nicht, dass die Vernunft dort ihre Grenzen findet, wo blinde Leidenschaft triumphiert. Durch seine freimütige Darstellung erweist er sich als Kenner der Menschen und der Liebe«. Umso bedenklicher, dass die Hinterlassenschaft des alten Indien kaum beachtet in den Bibliotheken des Westens verstaubt, wo doch besonders dieser Teil der Welt die hohe Schule der Liebeskunst so nötig hätte.

Mit höchster Lust ins Nirvana

»Sexuelle Vereinigung ist ein glücksverheißender Yoga, der zur Erlösung führt, obwohl er gleichzeitig den Genuss aller sinnlichen Freuden einschließt. Er ist ein Pfad zur Befreiung.« (Kaularahasya)

Tantra, ein Begriff aus dem Sanskrit, der altindischen Hochsprache, bedeutet im eigentlichen Sinn Pfad zur Entwicklung des Geistes, um so zur Erleuchtung zu gelangen. Die Tantriker suchen mittels bestimmter sexueller Praktiken die Erlösung im Nirvana zu finden – Lust als »geistiger Treibstoff«, der im Zuge der körperlichen Vereinigung erotische Begierden in spirituelle Höhenflüge umwandelt. »Tantra ist der Königsweg zur Erleuchtung, der über die Sexualität führt; über die Wandlung sexueller Energie«, wie es einmal ein Tantra-Lehrer formuliert hat.

Da den tantrischen Konzepten zufolge eine rein intellektuell betriebene Philosophie den geistigen Hunger nicht stillen kann, ebenso wie die Beschreibung eines köstlichen Essens nicht satt macht, bezieht das Tantra die körperlich-erotische Ebene mit ein. Hier liegt der

Schlüssel dazu, den eigenen Geist und die ihm innewohnenden Kräfte gezielt weiterzuentwickeln. Indem sich Frau und Mann vereinen, können weiblicher und männlicher Aspekt – jene Polarität, die sich in jedem Mensch wiederfindet – ausgeglichen und so der Weg zur geistigen Entwicklung beschritten werden. Das männliche Prinzip wird Shiva, das weibliche Shakti genannt. Der maskuline Aspekt steht für den reinen Geist, das höchste Bewusstsein, der feminine für die Natur und das immer während Materielle, die Mutter der Welten: Shakti gibt die Energie und damit Shiva die Möglichkeit, sich zu manifestieren. Zu früheren Zeiten gab es deshalb überall in den Tempeln Liebesdienerinnen, so genannte Shaktis oder Sadharanis, denen hohe Achtung entgegengebracht wurde. Sie waren perfekt geschult in Musik, Tanz, Meditation, Tempeldienst sowie natürlich Liebeskunst und dienten den Tantra-Yogis als Partnerinnen für ihre Rituale.

Die tantrischen Praktiken sind nicht auf sexuelle Vereinigung beschränkt, sondern beziehen auch Meditations- und Atemtechniken mit ein, ebenso wie die Lehre von den Chakra, den Energiezentren des Körpers, sowie von der Kundalini, der an der Basis der Wirbelsäule ruhenden Lebensenergie in Gestalt einer Schlange. Diese wird nach hinduistischer Auffassung durch Sexualität erweckt und genährt. Darüber hinaus beinhalten die tantrischen Riten auch die Rezitation von Wortsilben mit mystischer Bedeutung, die Mantras, sowie den Genuss der fünf mit dem Buchstaben »M« beginnenden Dinge: Mada (Wein), Matsja (Fisch), Mamsa (Fleisch), Mudra (geröstete Körner) und schließlich Maithuna (Sex).

Tantra, vor allem in seiner »modernen« Form des meist stark von esoterischen Inhalten geprägten Neo-Tantra, erlebt im Westen derzeit einen regelrechten Boom. Tantra-Workshops werden angeboten, Zeitschriften und Bücher propagieren die asiatische Liebeskunst. Ein an sich erfreuliches Phänomen, das jedoch einen ganz entscheidenden Haken hat: Es reduziert Tantra auf den sexuellen Aspekt und verfälscht so dessen eigentliche Zielsetzung. Diese ist nicht pure Lustbefriedigung, sondern geistige Entwicklung.

»Weder Arznei noch Nahrung noch Erlösung des Geistes können das Leben eines Menschen verlängern, wenn er das Tao der Liebe nicht versteht noch übt.« (P'eng-Tsu)

Langlebigkeit und sexuelle Erfüllung, Manneskraft bis ins hohe Alter: Die Unterweisungen in Liebeskunst sind eine der grundlegenden Säulen des Taoismus, jenes von Laotse begründeten religiös-philosophischen Systems des alten China. Für die Taoisten sind sinnliche und geistige Freuden untrennbar, denn erst durch den Genuss körperlicher wie geistiger Schönheit kann der Mensch zur Harmonie mit dem Kosmos finden.

Die Meister des Tao betonen übereinstimmend, dass der Mann im Hinblick auf seine Gesundheit und den Genuss seiner Partnerin sparsam mit seinem Samen umgehen soll, indem er seine Ejakulation beherrscht. Wer den Erguss hinauszögert oder zurückbehält, vermag öfter und länger zu lieben und seine Frauen umso zufriedener zu machen.

Wie das Kamasutra ist auch das Tao der Liebe mehr mit der praktischen Umsetzung dessen befasst, was die Weisen über Sexualität lehrten. Stets jedoch ist das Rationale mit dem Romantischen, die sexuelle Technik mit dem liebenden Gefühl vereint. Eine weitere Parallelität zu den Liebeskünsten, wie sie das Kamasutra vermittelt, sind die mannigfachen Stellungen beim Liebesakt und deren für unsere Ohren so blumigen Namen, die von einer tiefen Verbundenheit mit der Natur zeugen: ein beachtliches Spektrum, bestehend aus vier Grundpositionen und 26 Varianten. Beginnend mit »enge Vereinigung«, »Einhorn«, »intimer Verbindung« und »sich sonnendem Fisch« können die erotischen Spiele ausgedehnt werden auf »verschlungene Mandarinenten«, »Wildpferde im Sprung«, »fliegender weißer Tiger« oder aber »Katze und Maus in einem Loch« – um nur eine kleine Kostprobe zu geben. Auch die Sache mit den liebenden Stößen gestaltet sich keineswegs eintönig. Die großen Meister des Tao der Liebe ergehen sich en détail über die Stoßtechniken. Die delikate Poesie dieser Anweisungen nur zu umschreiben wäre schade; daher an dieser Stelle eine kleine Passage: »Tauche den Jadeschaft ein, bewege ihn vor und zurück und dringe in die Jadesubstanz ein, wie einer, der eine Auster öffnet, um an die funkelnde Perle heranzukommen. (…) Stoße zur Jadesubstanz hinab und komme bei der Goldenen Furche wieder heraus, wie einer, der Steine anritzt, um herrliche Jade zu finden. (…) Er stößt mit seinem Jadeschaft hart an der Goldader [Anm.: Klitoris] vorbei, wie ein eiserner Stößel in den Mörser stampft. (…) Er bewegt seinen Jadeschaft hinein und heraus und pocht dabei an die linke und rechte Wand der Halle der Prüfung [Anm.: Scheidenvorhof] wie ein Schmied, der Eisen mit seinen fünf Hämmern formt. (…) Er treibt seinen Jadeschaft mit kurzen, langsamen Stößen in die Scheide hinein wie ein Bauer, der Pflanzlöcher in den Erdboden bohrt. (…) Der Jadeschaft und die Jadepforte prallen aufeinander wie die Schneemassen zweier Lawinen.«

Abgesehen von den verschiedenen Stoßarten gibt das Tao auch vor, wie viele Male der »Jadeschaft« in die »Jadepforte« Eingang finden soll, um den Koitus perfekt zu machen: eintausend liebende Stöße sollten es sein. Auch wenn dies nicht wörtlich zu nehmen ist, mag bei manchen angesichts der Komplexität der Stellungen und Stoßvariationen die Liebeslust eher schwinden. Zu Unrecht, denn um ein weiteres Mal mit den Meistern des Tao zu sprechen: »Wenn aber ein Mann das Tao beherrscht, wird er feststellen, dass er nie genug bekommen kann.« Dies gilt Erfahrungsberichten auch unserer Tage zufolge, erst recht für Frauen.

Sowohl in der Scheide wie am Penis finden sich wie an Händen und Füßen den einzelnen Organen und Bereichen des Körpers zugeordnete Reflexzonen – beim Sex lässt sich also auch gegenseitige Reflexzonenmassage vollziehen. Im Tao der Liebe werden ganz bestimmte Positionen beim Liebesspiel empfohlen, mittels derer sich die verschiedenen Reflexbereiche gezielt massieren lassen. Folgende Stellung dient der Besserung sexueller Schwäche und Erektionsstörungen: Die Frau legt sich auf die Seite und dreht ihre Hüften so, dass ihr Becken so weit als möglich nach oben ragt. Der Mann befindet sich über ihr und dringt von hinten in sie ein. In dieser Stellung sollen über zwei Wochen täglich neunmal hintereinander zehn Stöße durchgeführt werden; langsam und vorsichtig, denn der Mann sollte dabei nicht zur Ejakulation kommen.

»Auf Potenz und Lebensdauer günstig wirkende Säfte«

»Was für ein köstliches Instrument ist doch die Frau, wenn kunstvoll darauf gespielt wird! Wie fähig ist sie doch, die exquisitesten Harmonien zu produzieren, die kompliziertesten Variationen der Liebe zu vollbringen und die Göttlichste aller erotischen Freuden zu spenden.« (Aus dem indischen Ananga Ranga)

Angesichts des hohen Stellenwerts, den Sexualität hinsichtlich Gesundheit wie auch Religiosität seit jeher in den fernöstlichen Kulturen innehat, ist es nicht verwunderlich, dass auch Aphrodisiaka stets eine große Bedeutung zukam. Denn alles, was die Liebeslust fördert und vervollkommnet, galt als Dienst am eigenen Körper und an den Göttern.

Abgesehen von den Liebesmitteln im klassischen Sinn, von denen nachfolgend die Rede sein wird, empfehlen die fernöstlichen Liebeslehren vor allem Yoga und Akupressur, um den Organismus zu harmonisieren und so die erotische Vitalität zu steigern. Auch Shiatsu, Japans alte Massagekunst, hilft der Lust wieder auf die Sprünge und ist insofern als stimulierendes Vorspiel hoch geschätzt.

Mit dem größten Repertoire an Lust Steigerndem wartet das Kamasutra auf. In der altindischen Liebeslehre ist eine große Textpassage, überschrieben mit »Auf Geheimmittel Bezügliches«, jenen Maßnahmen gewidmet, »wie man sich gewinnend macht« und »andere bestrickt«. So »besucht unzählige Frauen«, wer sich beispielsweise Stechapfel, Pfeffer, Blätter des blauen Lotus, getrocknete Staubfäden von Wasserrosen, Mangosaft, Knoblauchzehen, Süßholz oder Zuckerrohrwurzeln zu Gemüte führt. Auch das Einreiben der Genitalien mit Sandelholzöl, versetzt mit etwas gemahlenem Ingwer und Zimt, verspricht gemäß Kamasutra großen Erfolg – eine Anwendung, die im gesamten Orient bis heute sehr beliebt ist. An dieser Stelle sei eine »rituelle Ölung« erwähnt, die im Tantra häufig durchgeführt wird. Dabei soll die Frau an den Händen mit Jasminöl, an Hals und Nacken mit Patchouli-Öl, an den Brüsten mit Amber und mit Sandelholzöl, an den Innenschenkeln sowie an den äußeren Schamlippen mit Moschus-Öl gesalbt werden, um sie solcherart auf sexuelle Hochgenüsse einzustimmen. Dem Mann hingegen wird ausschließlich Sandelholzöl aufgetragen, und zwar auf Stirn, Hals und Nacken, Brust, Nabel und Penis, Oberarme und -schenkel sowie auf Handflächen und Fußsohlen.

Weitere »Mittel, welche Liebe bewirken« stammen aus der Speisekammer. Besonders männlichen Liebeslustigen rät das Kamasutra, keinen Sex auf nüchternen Magen zu haben, sondern zuvor eine Kleinigkeit zu essen, um sich zu kräftigen und die bevorstehenden Freuden in vollem Umfang genießen zu können. Zum kulinarischen Vorspiel empfohlen werden Honig und Süßigkeiten, Kuhmilch, Butterreinfett (Ghee, siehe S. 166), Sesamkörner, Pistazien, Mandeln und Geflügelbrühe. An animalischen Mitteln nennt das Kamasutra die Augen von Pfauen und Hyänen, Sperlingseier, Kamelknochen, verbrannt und zu Pulver zermahlen, aber auch noch Befremdlicheres wie den Kot eines rotgesichtigen Affen.

Wiederherbeiführung der Leidenschaft

Das Kamasutra unterscheidet zwischen »Liebe bewirkenden Mitteln« und Maßnahmen zur »Wiederherbeiführung verlorener Liebesfähigkeit«. Mit Letzteren befasst sich das zweite Kapitel des Abschnitts über »Geheimmittel«. Darüber hinaus erfährt der Leser, welche Wege zur

Penisvergrößerung beschritten werden sollten und wie die Scheide verengt oder aber geweitet werden kann. Ist jemand nicht imstande »eine Frau mit feurigem Temperament zu befriedigen«, solle er Hilfsmittel zur Wiederherbeiführung der Leidenschaft der Frau anwenden. Dies gestaltet sich wie folgt: »Zu Beginn des Geschlechtsverkehrs erfolge ein Reiben der Schamlippen mit der Hand, und erst zu der Zeit, wenn sie feucht geworden sind, nehme man den Beischlaf vor.« Bei einem »im Temperament langsamen, nicht mehr jugendlichen, korpulenten und in der Liebe erschlafften Mann« bewirkt der »Mundverkehr« das Wiederaufflammen der Liebeslust.

Dem, der sich über die Methoden zur Vergrößerung des Penis informiert, drängt sich rasch die Gewissheit auf, dass die Schmerzgrenze in jenen Zeiten dramatisch niedriger gewesen sein muss als heute. Denn um sexuelle Freuden »richtig« zu vermitteln wie auch selbst genießen zu können, so das Kamasutra, bedarf es eines Durchbohrens des Penis. Ist diese schmerzliche Prozedur mit Hilfe eines Messers vollzogen, soll der Betreffende die darauf folgende Nacht ständig Geschlechtsverkehr haben, um die durchbohrte Stelle offen zu halten. Nachdem auch das überstanden ist, sorgen Salbungen der malträtierten Männlichkeit dafür, dass diese gut verheilt. Sobald es soweit ist, werden in dem Penisloch künstliche Hilfsmittel wie Ringe angebracht, auf dass das Glied auch tatsächlich an Umfang und Länge zunimmt. Der Zuwachs lässt sich überwiegend durch die permanente Reizung des empfindlichen Gewebes der Eichel erklären, das mit der Bildung einer Geschwulst auf das Einbringen des Fremdkörpers reagiert. Wer weniger masochistisch veranlagt ist, dem empfiehlt das Kamasutra Einreibungen seines besten Stücks mit breiartigen Zubereitungen, die eine Vergrößerung für »die Dauer eines Monats« zeitigen sollen. Dieser Effekt geht vor allem auf die in den Salben enthaltenen Blutegel zurück, mittels derer das Glied zur Ader gelassen wird. Der blutrünstigen Ringelwürmer bediente man sich auch im alten Rom, waren die gewünschten Maße nicht von Natur aus gegeben.

Da Sex in Indien als wichtige Voraussetzung für Gesundheit galt, spielen Aphrodisiaka auch eine wichtige Rolle im Ayurveda: Erhaltung von Wohlbefinden und sexueller Energie gehen in der medizinischen Tradition Indiens Hand in Hand. Als bestes Aphrodisiakum nennen die alten ayurvedischen Schriften eine schöne, sexuell aufgeschlossene Frau. »In ihr sind Rechtschaffenheit, Reichtum, Glück und das gesamte Universum enthalten«, so steht es in der Caraka Samhita, einer der grundlegenden Schriften des Ayurveda. Daneben gelten auch angenehmer Duft und gute Kleidung als unerlässliche Requisiten für das Liebesspiel. Für alles Weitere sorgen die ayurvedischen Liebesmittel, die Vajikarana. Gemäß der Caraka Samhita machen Vajikarana den, der sie regelmäßig nimmt, »kraftvoll wie einen riesigen Baum mit unzähligen Ästen und Zweigen, verlängern sein Leben, verleihen ihm eine attraktive Erscheinung und Leistungsfähigkeit«. Entsprechend sollen die ayurvedischen Liebesmittel bestenfalls täglich, gleich Nahrungsmitteln, genossen werden.

Das Wissen vom Leben

Angesichts der engen Einbindung der Vajikarana in die traditionelle Medizin Indiens sollen kurz deren grundlegende Konzepte dargestellt sein. Der Begriff Ayurveda setzt sich zusammen aus »ayus«, »leben«, und »veda«, »Wissen« – hieraus ergibt sich »Wissen vom Leben«, medizinische Lehre und Lebenskunst in einem. Ayurveda basiert auf der Vorstellung, dass alles in der Natur aus den gleichen fünf »Grundbausteinen«, den Elementen Feuer, Wasser, Erde, Luft und Äther, zusammengefügt ist. Dieses ganzheitliche Weltbild findet seinen Ausdruck in dem Konzept der so genannten »Dosha«, genannt Vata, Pitta und Kapha. Dosha können als biologische Prinzipien oder Bioenergien verstanden werden, die alle körperlichen und seelischen Vorgänge im menschlichen Organismus unterstützen und steuern.

Sie befinden sich in einem steten dynamischen Gleichgewicht und sind wechselseitig voneinander abhängig. Jedes der drei Dosha ist in allen Zellen des Körpers wirksam und von Geburt an in einem für jeden Menschen charakteristischen Verhältnis angelegt – entsprechend geht man im Ayurveda von verschiedenen Konstitutionen aus. Zentrales Anliegen der ayurvedischen Medizin ist es, die Balance der drei Dosha zu erhalten oder wiederherzustellen, denn ihr Gleichgewicht ist Voraussetzung für Gesundheit und damit auch für sexuelle Energie. Wichtige Bedeutung kommt auch der Erhaltung des Fortpflanzungsgewebes, Shukradhatu, zu. Es ist eines der sieben Gewebe des Körpers und gleichbedeutend mit Libido und sexueller Kraft. Mangel an Shukradhatu zeigt sich in nachlassender Libido und Spermienproduktion, Impotenz und Ejakulationsstörungen sowie in Immunschwäche und Energielosigkeit. Die Mittel, derer sich Ayurveda zur Stärkung von Shukradhatu bedient, sind die Vajikarana.

Wie die meisten anderen Heilmittel der ayurvedischen Medizin sind auch die Arzneien für die Libido überwiegend pflanzlichen Ursprungs und werden bis heute nach alten, über Jahrhunderte überlieferten Rezepten hergestellt; nachfolgend deren wichtigste Zutaten.

Das beste pflanzliche Aphrodisiakum des Ayurveda ist *Atmagupta (Mucuna pruriens)*. Für seine enorme Wirkkraft spricht unter anderem, dass es in früheren Zeiten all jenen, die im Zölibat lebten, untersagt gewesen sein soll, seinen Namen auch nur auszusprechen – von der Anwendung ganz zu schweigen. Verbürgt ist, dass Atmagupta Dopamin enthält, jenen Stoff, der wie erwähnt zu den anregendsten unter den körpereigenen Boten der Lust gehört.

Shatavari (Aspargus racemosus) ist vor allem zur Förderung der weiblichen Libido bewährt. Shatavari bedeutet übersetzt »hundert Männer« – mindestens so viele Liebhaber kann eine Frau mittels dieser Pflanze erfreuen. Dieses exzellente Aphrodisiakum fördert nicht nur die Lust, sondern stärkt auch die weiblichen Geschlechtsorgane und reguliert den Hormonhaushalt.

Was Shatavari für die Frauen, ist *Ashwangandha* für die Männer. Es gibt der männlichen Libido förmlich einen Kick und sorgt zudem für ausreichende Spermienproduktion. Aufgrund ihres breiten Anwendungsspektrums ist Ashwangandha die am häufigsten verabreichte Arznei im Ayurveda und besitzt einen Stellenwert wie Ginseng in der chinesischen Medizin.

Auch *Bala (Sida cordifolia)*, eine der wertvollsten Heilpflanzen der ayurvedischen Medizin, stärkt und vermehrt Shukradhatu. Außer zu aphrodisierenden Zwecken bedient sich Ayurveda der Wirkung von Bala vor allem bei neurologischen und rheumatischen Beschwerden sowie zur allgemeinen Stärkung.

Weitere Heilpflanzen, die im Ayurveda häufig als Aphrodisiakum Gebrauch finden, sind Muskat, Bockshornkleesamen, Langkornpfeffer, Safran sowie Ginseng. Für einen Libido stimulierenden Tee aus verschiedenen Kräutern und Ginsengwurzel werden je ein Teelöffel Zimt und Kardamom, zwei Teelöffel frische Ginsengwurzel, neun schwarze Pfefferkörner, drei Gewürznelken und eine Prise Safran in einem Mörser zerrieben, zehn Minuten in einem halben Liter Wasser aufgekocht, abgeseiht und mit viel Honig getrunken.

Rasayana

»Die verjüngenden Maßnahmen, die Rasayana, helfen selbst den Göttern. (...) Sie fördern die Gesundheit, erhalten jung, (...) beseitigen sowohl körperliche wie psychische Schwäche.« (Aus der Caraka Samhita, Cikitsa Sthana, Kapitel 2, Vers 3)

Die wörtliche Übersetzung des Sanskrit-Begriffs »Rasayana«, »im Fluss halten«, verdeutlicht bereits die Wirkung, die diese nach uralten Rezepten hergestellten Heilpflanzenzubereitungen besitzen: Sie fördern den Fluss der Lebensenergien und helfen, körperliche wie geistige Funktionen aufrechtzuerhalten. Die umfangreichen Effekte der

Rasayana beruhen auf der Synergie mehrerer Substanzen, die sich gegenseitig in ihrer therapeutischen Wirkung ergänzen und verstärken.

Kurzum, Rasayana gelten als »Nektar der Unsterblichkeit« und werden kraft ihrer potenten Eigenschaften auch zur Förderung der Liebeslust verordnet. Das zu diesem Zwecke beste Mittel ist Gokshura Rasayana. Sein Hauptingrediens, Gokshura (Tribula terrestris) wird bereits in den alten Ayurveda-Schriften als hervorragendes Aphrodisiakum für beide Geschlechter gerühmt.

Nahrung für Shukradhatu

Nahrung wirkt stark auf das Gleichgewicht der Doshas und damit auf die Gesundheit eines Menschen ein, weshalb Ayurveda ihr einen immensen Stellenwert zur Förderung der Libido beimisst. Anbei einige Empfehlungen aus dem ayurvedischen Rezeptreigen. Eine Tasse heiße Milch mit einem Teelöffel Ghee (Butterreinfett), etwas Safran, Kokosflocken, Vanille und Zimt vor dem Sex trinken. Oder eine Tasse Milch mit drei Fäden echtem Safran, einem Teelöffel Ghee, einem Teelöffel Rohrzucker und drei Nelken mischen, aufkochen und täglich abends vor dem Schlafengehen über einen Zeitraum von vier bis sechs Wochen trinken. Wer Milch nicht mag oder verträgt, mischt je zehn Esslöffel gehackte Datteln, Cashew-Nüsse und Pistazien mit vier Esslöffeln Honig, weicht dies für eine Woche in Ghee ein und isst von der Mixtur jeden Tag einen Teelöffel.

Anhang

Bezugsquellen

Die genannten Aphrodisiaka sind in Apotheken oder im gut sortierten Kräuterfachhandel erhältlich; bestellen kann man sie bei:
Elixier
Kollwitzstraße 54
10405 Berlin
Tel. und Fax: 030 / 442 60 57

Fertigpräparate mit Fo-Ti-Tieng und Schizandra bei:
Supplementa Holland B.V.
(Vitalstoffe, Orthomolekulare Nährstoffe)
Papierbaan 50 a
NL – 96 70 BH Winschoten
Tel.: 018 05 / 23 42 70
Fax: 018 05 / 23 42 71
e-mail: info@supplementa.com

Ayurvedische Liebesmittel bei:
Bastei-Apotheke
Karl-Theodor-Str. 38
80803 München
Tel.: 089 / 39 48 80
Fax: 089 / 34 59 61

Literatur

Isabel Allende: ›Aphrodite‹, Fankfurt/M. 1998.

Jan van Alphen (Hg.): ›Orientalische Medizin‹, Bern – Stuttgart – Wien 1997.

Jolan Chang: ›Das Tao der Liebe‹, Reinbek 1998.

Reinhold Dörrzapf: ›Eros, Ehe, Hosenteufel‹, München 1998.

Susanne Fischer-Rizzi: ›Himmlische Düfte‹, München 1995.

Birgit Frohn, Heiner Uber, Xokonoschtletl: ›Medizin der Mutter Erde – die alten Heilweisen der Indianer‹, München 1996.

Veronica Ions: ›Indische Mythologie‹, Wiesbaden 1967.

Christopher Miles, John Julius Norwich: ›Liebe in der Antike‹, Köln 1997.

Cristina Moles Kaupp: ›Scharfe Sachen‹, München 1998.

Mannfried Pahlow: ›Das große Buch der Heilpflanzen‹, München 1993.

Christian Rätsch: ›Heilkräuter der Antike‹, München 1995.

Christian Rätsch: ›Pflanzen der Liebe‹, Aarau 1997.

Claudia Schmölders: ›Die Erfindung der Liebe‹, München 1996.

Klaus Thiele-Dohrmann: ›Hetären, Kurtisanen, Mätressen‹, München 1997.

Mallanága Vátsyáyana: ›Das Kamasutra‹, übersetzt von Klaus Mylius, München 1991.

John J. Winkler: ›Der gefesselte Eros – Sexualität und Geschlechterverhältnis im antiken Griechenland‹, Marburg 1994.

Was ist denn nun die schönste Sache der Welt?
Die etwas anderen Kochbücher

Mary Jane Ryan

Ich bin so wild nach Kirschsorbet

Coole Frauen und heiße Rezepte
dtv 36074

»One cannot think well, love well, sleep well, if one has not dined well«, meint Virginia Woolf und spricht damit allen passionierten Köchinnen und Feinschmeckerinnen aus dem Herzen. Sarah Bernhardt liebte eine würzige Bouillabaisse, Sophia Loren verdankt ihre wohlproportionierten Rundungen den Spaghetti, für Josephine Baker war der Abend ohne Champagner gelaufen. Mary Jane Ryan porträtiert berühmte, berüchtigte und unkonventionelle Frauen, die eines gemeinsam haben: eine leidenschaftliche Liebe zum Essen. 105 Rezepte stillen verborgene Leidenschaften und verführen zum Kochen und Genießen.

Cristina Moles Kaupp

Scharfe Sachen

Ein erotisches Kochbuch
dtv 36075

Essen ist sinnlich und Essen macht sinnlich. Das Diner à deux ist eines der wirkungsvollsten Vorspiele, das Nase, Zunge und Gaumen zugleich verwirrt und verwöhnt. Der Genuß, die Begierde und die Kunst der Verführung – Cristina Moles Kaupp bietet ein wahrhaft anregendes Koch- und Lesevergnügen. Sie stellt Aphrodisiaka vor, beschreibt ihre Wirkungen und zeigt, daß es letztendlich egal ist, ob diese Kulinaria nun wirklich stimulieren oder nur der sinnlichen Inszenierung, der raffinierten atmosphärischen Einstimmung dienen. Rund neunzig luststeigernde Rezepte aus aller Herren Länder verführen zum Kochen, Genießen – und Lieben.

Alles Zauberei?

Hokus Pokus, liebe mich

und fünfzig andere Zauberrituale
Von Helen Glisic
dtv 20094

Magie ist, wenn...
man an sie glaubt, die Fantasie spielen lässt, die Kräfte der
Natur positiv umsetzt. Unseren Alltag verzaubern Liebes-
kissen, Talismane, Hochzeits- und Willkommensrituale,
aber auch Freundschafts-, Glücks- und Harmonieöle,
Wohlfühlbäder und Beschwörungsformeln. Pech und
Schwefel sind als Zaubermittel längst passé; die Magier-
(innen) von heute arbeiten mit Kerzen, Farben, Symbolen,
Kristallen, Ölen und Essenzen. Im Zentrum steht die Liebe,
doch auch für Familie und Freundschaft, Gesundheit und
Erfolg gibt es den richtigen Zauber.

Wie du deinen Ex-Prinzen in eine Kröte verwandelst und andere Hexensprüche für böse Mädchen

Von Deborah Gray und Athena Starwoman
dtv 20014

Deborah Gray und Athena Starwoman haben mit dieser
Sammlung uralter und neuer Hexensprüche das erste inter-
aktive Zauberbuch für das nächste Jahrtausend zusammen-
gestellt. Es enthält ausschließlich Weiße Magie und ist daher
nicht nur für böse Mädchen geeignet. Die besten Hexensprüche der bezauberndsten Hexen sind hier versammelt:
Hexensprüche für Liebe, Sex, Gesundheit, Schönheit, Geld
und Erfolg, Haus und Familie sowie eine glückliche
Zukunft. Und sie sind garantiert für den Hausgebrauch.

Das Sexbuch für Frauen

Der Bestseller von
**Alexandra Berger und
Andrea Ketterer**
dtv 20017

Alles, was Frauen zum Thema Liebe, Lust und Leidenschaft schon immer wissen wollten: Vorschläge für Massagen, aphrodisische Menüs, Rollenspiele und vieles mehr bringen Frauen auf neue Ideen. So kehren Spannung und Erotik auch in langjährige Beziehungen zurück!
Alexandra Berger und Andrea Ketterer nennen die Dinge beim Namen, haben keine Scheu vor vermeintlichen Tabus und geben viele praktische Tips. Fazit: Gute Mädchen haben ihre Migräne und langweilen sich, böse Mädchen holen sich, was sie wollen – und haben jede Menge Spaß dabei.

dtv

Warum wir küssen – wen wir küssen – wie wir küssen

Adrianne Blue
Vom Küssen
oder Warum wir nicht voneinander lassen können
dtv premium 24105

»Ist das Küssen ein evolutionärer Fortschritt?
Oder ist es nur ein Zufall, daß die beiden intelligentesten Primatenarten – die Menschen und die Bonobos –
Weltmeister im Küssen sind?«

Seit jeher regt der Kuß die Phantasie des Menschen an und ist Ausdruck von Gefühlen der Liebe, Leidenschaft und Sehnsucht, der Freundschaft und des Verrats, der Ehrerbietung, Unterwerfung und Dankbarkeit. Und nichts tun wir so gerne und so ausgiebig wie Küssen.

Adrianne Blue breitet vor uns ein wahres Schlaraffenland des Küssens aus, indem sie neueste wissenschaftliche Erkenntnisse mit den schönsten Geschichten, Gedichten und Szenen aus Theater und Film verbindet, die unsere Kultur zum Thema Küssen zu bieten hat.

»Ein Buch, das einfach Lust macht.«
Cosmopolitan

dtv

Gesundheit ist kein Zufall

Gesund bleiben und sich wohl fühlen – dafür kann jeder etwas tun. dtv-Ratgeber wissen, was hilft. Ärzte, Körpertherapeuten, Naturheilkundige geben Ratschläge zu Vorbeugung und Behandlung von Beschwerden und Krankheiten.

Dr. med. Marianne Koch
Mein Gesundheitsbuch
Das Gesundheitsbuch für
jeden Haushalt
dtv premium 24151

Ray Ridolfi
Susanne Franzen
**Das große Shiatsu-
Handbuch für Frauen**
Gesundheit und Wohl-
befinden durch die sanfte
japanische Fingerdruck-
massage · dtv 36065

Elisabeth Veit
**Mit Ayurveda durch das
Jahr**
Der sanfte Weg zu Gesund-
heit und Wohlbefinden
dtv 36124

Maria Buchinger (Hg.)
Heilfasten
Die Buchinger-Methode
Der natürliche Weg zu
körperlicher und seelischer
Gesundheit
dtv 36504

Dr. med.
Harald Kinadeter
Gesund mit Vitaminen
Der tägliche Vitaminbedarf
zum Schutz vor Krankhei-
ten und Umwelteinflüssen
dtv 36512

Dr. med Sigrid Das
**Entgiften und
Entschlacken**
Die Abwehrkräfte stärken
und die natürliche Selbst-
reinigung des Körpers
aktivieren · dtv 36516

Elke und Werner Sperling
Pilzerkrankungen
Mykosen erkennen und
natürlich behandeln
dtv 36544

Dr. med.
Kenneth H. Cooper
**Die neuen Gesundmacher.
Antioxidantien**
Das Ernährungs- und Fit-
neßprogramm gegen freie
Radikale · dtv 36548

dtv

Liebe – Ehe – Partnerschaft

Alexandra Berger,
Andrea Ketterer
**Warum nur davon
träumen?**
Was Frauen über Sex
wissen wollen
dtv 20017

Barry Dym,
Michael L. Glenn
**Liebe, Lust und
Langeweile**
Die Zyklen intimer Paar-
beziehungen
dtv 35132

Erich Fromm
Die Kunst des Liebens
dtv 36102
**Liebe, Sexualität und
Matriarchat**
Beiträge zur Geschlechter-
frage
dtv 35071

Karl Grammer
Signale der Liebe
Die biologischen Gesetze
der Partnerschaft
dtv 33026

Hugh Mackay
**Warum hörst du mir
nie zu?**
Zehn Regeln für eine
bessere Kommunikation
dtv 36546

Anne Wilson Schaef
Die Flucht vor der Nähe
Warum Liebe, die süchtig
macht, keine Liebe ist
dtv 35054

Peter Schellenbaum
**Die Wunde der
Ungeliebten**
Blockierung und
Verlebendigung der Liebe
dtv 35015
Das Nein in der Liebe
Abgrenzung und Hingabe
in der erotischen
Beziehung
dtv 35023
**Aggression zwischen
Liebenden**
Ergriffenheit und Abwehr
in der erotischen
Beziehung
dtv 35109

Laurie Schloff,
Marcia Yudkin
Er sagt, sie sagt
Die Kunst, miteinander
zu reden
dtv 8429

Judith S. Wallerstein,
Sandra Blakeslee
Gute Ehen
Wie und warum die Liebe
bleibt
dtv 36119